OVER

結果と向き合う勇気

上原浩治・著

CONTENTS

CONTENTS

第2章 遅いストレートを打たせない ～正解がない中で、やってきたこと～

第3章

結果と経験。一軍と二軍
〜正解がない中でどうすべきか〜

CONTENTS

プロローグ

アメリカ、フロリダ州。

左手にグローブ、右手に硬式球。

「いくぞー」

ゆっくりとしたフォームで、指先に力をこめる。リリースされたボールは放物線を描いて、30メートル先にいる妻のグローブへと収まった。

「痛いわ、肩」

笑いながら妻に言う。妻はそのまま息子・一真へとボールを投げた。

一真は妻を経由することなく、僕の胸へと強いボールを投げ返してくる。

「ナイスボール！」

僕はまた、妻へと投げ返した。

ほとんど肩が回っていないし、腕だけで投げている。初めてボールを投げる女性のような投げ方だ。

こんな投球フォームだったら、コーチに怒られるどころか、プロのレベルじゃないな。

我ながら呆《あき》れて、再び笑いが漏れた。

1カ月前まで全力投球をしていた自分が、嘘のように感じる。

現役引退を発表し、家族の住む家、ボルチモアに戻ってきたのが6月3日。人生で初めてと言っていいくらい、ゆったりとした日々を過ごしていた。

好きなときに走り、好きなものを食べる。ときどきゴルフをして、あとはこうやって家族と家族らしい時間を過ごす。任せっきりになっていた「父親」としての務めをようやく果たすことができている。マウンドに上がることがない日々には、いままでにない充実感があった。

ただ、ときどき思い出す現役最後の日々には、悔しさを含んださまざまな思いが胸に去来した。

まだできたんじゃないか。

マウンドに上がりたい。もう少しチームに貢献をしたかった。

やっぱり野球選手は現役が華だよな——。

まあでも、無理だったか。

自分では140キロを投げているつもりでも、球速表示は135キロだった。初めて対戦する「自分を知らない」バッターに、打たれた。


最近、「引退して笑顔がやさしくなりましたね」と言われたことがあった。現役時代の張りつめた自分と違った自分がいま、いるのかもしれない。それくらい「マウンドに立つ」ことにかけていたのだろうなと思う。あのころとは、精神状態も体の具合も、まったく違うのだ。

実際、痛みでまったく上がらなくなった肩には驚きがあった。現役でいる、プロでいる、投げたいという気持ち……それだけが、自分の肩を支えていたのだろうか。読売ジャイアンツのユニフォームを着た最後のシーズン、投げられないほどに強い肩の痛みなど感じたことがなかったのに、たった1カ月練習をしないだけで、50メートルすら投げることができないなんて……。

現役として自身にかけていた負荷が、想像以上のものだったと知った。

引退をして数カ月、この本を作るまでに野球界にはいろいろなことがあった。それは毎年あるようなことなのだけど、プロ入り以降、初めて現役ではない立場でプロ野球を見て、メジャーを見て、高校野球を見て、ともに戦った選手たちを見て、さまざまなことを思った。

また、この本に収録された同級生との対談——（松井）稼頭央は西武ライオンズの二軍監督として現場に残り、（高橋）由伸は監督を退任したあと解説者などをしながら野球を見続けている——を通して改めて感じることもあった。

それらには、やっぱりこれはこうだよな、ということもあれば、そうかこういう見方もあるのか、ということもある。

この本では、そんなことを踏まえつつ、僕の野球人生のひとつの集大成として、大きくふたつのことについて綴《つづ》っている。

ひとつは、プロ野球選手としての引き際だ。あまり例のないシーズン途中での引退。正直に言って、意図しない引き際だったのだが、なぜそういう心理に至ったのか、決断をしたのか、ということをできる限りその当時の思いをそのままに、第一章として記した。現役の選手が、どんな思いで、どんなことをしながら日々に臨んでいるのか。恥ずかしい部分もあるが、知ってもらえればと思う。蛇足ではあるが、綴ったのはあくまでもそのときの感情で、ちょっと愚痴っぽいところもある。引退したいま、そうしたことにわだかまりがあるわけではないことをご承知いただければ幸いだ。

もうひとつは、引退をし、改めて思ったこと。野球選手としての自分なりの考えだ。「正解」のない野球というスポーツにおいて、プロ選手として結果を出すために、どうする必要があるのか、どう取り組んでいけばいいのか。引退を含めて、自分の経験をとおして見えたものを第二章以降で書いている。それは野球界という大きなものに対して思うことでもあるし、それに関係した多くの人たち——メディアやファンの方——にも及ぶ。上原浩治という元プロ野球選手が得たものとして、これからの野球界が発展していくための一助として読んでもらえればうれしい。

約21年間の現役生活を支えてくれた多くの人たちに感謝を込めて。

２０１９年9月吉日

上原浩治

CHAPTER.1

第1章

引退
～結果と向き合った日々～

メジャーで引退する決意

―2017年12月―

2019年5月20日に引退を発表した僕は、約21年の現役生活を終えた。シーズン途中でのイレギュラーな引退で、ジャイアンツには迷惑をかけてしまったし、チームメイトにも申し訳ない思いがある。

「2019年での引退」はシーズン前から決めていたことだった。2018年12月14日にジャイアンツと再契約をしたとき、もっと言えば、2018年シーズンを終えたとき、「もう1年だけやって終わろう」と決心した。近しい人にもそれは伝えていた。

だからこそ、期する思いがあった。

最後の1年、集大成として50試合に登板してチームの優勝に貢献する。強い思いを持って、自主トレを開始した。

では、なぜそれが5月になったのか。話はまず、2年前にまでさかのぼる。

「あと1年で引退だな」

シカゴ・カブスで42歳のシーズンを戦い終えた2017年、自分の体を知れば知るほど、「あと1年」は現実的な選択肢に思えていた。

この年の出来に満足はいっていない。49試合に登板して3勝4敗2セーブ14ホールド。防御率はメジャーデビューの年に次ぐ悪さ（3・95）だったし、チームが首位争いをしている一番大変な9月にコンディションを落とし、ほとんど登板できなかったことには責任を感じていた。

せめてもの救いは、チームが地区優勝し、リーグ優勝決定戦にまで進出できたこと（マウンドであまり貢献できなかったのにシャンパンファイトに呼んでもらえたときは本当にうれしかった）。

とはいえ、自分の中では「まだできる」という手ごたえもあった。三振は奪えていたし（43回を投げて50奪三振）、バッターと対峙した感覚も悪くなかった。多くの人から、42歳のシーズンの成績としては立派だ、と言われた（そうした声はうれしくはあったけど、逆に言えば、「結果」ではなくつくづく年齢が価値を生む世界なのだという不満もあった）。

「引退」が近づいていることは、ここ数年ずっと感じていた。

年齢を考えれば、「引退せざるを得ない」可能性が以前よりも高まっていたことは確かだと思う。多くの同期選手が現役を退いている。それどころか年下の選手が辞めていく。その姿を見て「俺も終わりが来るのか」と思うことは自然だった。

周囲の目も変わっていた。契約における評価。メディアの声。30代後半あたりから、チームとの契約が終了するたびに「今後の進路は?」と聞かれるようになっていたし、メディアに「引退視野発言」と書かれたこともあった（このときは、「オファーがなければプレーできないのがプロ選手だ」というニュアンスを伝えただけであって、決して「引退しよう」と思っているわけではなかった。そういう厳しい世界にいる、ということを口にしたまでである）。

そもそもメジャーに行くことを決めて以来、毎年、その年が勝負で最後かもしれないという思いで挑んでいた。野球人生はつねに結果との勝負、それは引退との勝負だ。

「あと1年」。

シーズンを終え、これまで以上に明確に、「ラストイヤーだ」という感覚になっていた。

だからメディアにもそれをはっきりと伝えた。

「メジャー一本で考えている。契約ができなければ引退します」

日本のプロ野球を選択肢に入れずメジャーにこだわったのには、いくつか理由がある。憧れ続けたメジャーの世界が本当に夢のような場所だったから。日本のほうが優れているところももちろんある。ただ、メジャーにおける一流対一流の真剣勝負、野球そのものを楽しんでいる雰囲気は、あまりに魅力的だった。また「NPBで10年、メジャーで10年投げること」は大きな目標にもなっていた。2017年で9年プレーをし、あと1年でそれがかなう。そして何より——まだメジャーでやれるという思いがあった。

オフに入ると、早速メジャーの数チームからオファーがあった。条件面——金額はもちろんのこと、何より優勝争いができるチーム——が合わなかったから断りを入れたのだけど、「まだオファーはある」と思っていた。

ひとつ誤算（という言い方が適切かわからないが）だったのが、この年のメジャーのストーブリーグが異例と言えるほど動いていないことだ。通常、メジャーのFA市場は、注目度の高い（つまり金額の高い選手だが、そこには実績だけでなく将来性が加味され年齢が重要だ）選手から決まっていき、ウィンターミーティングが終わった12月上旬から中盤あたりに、それ以外の選手の契約が次々と決まっていく。

2018年シーズンに向けた2017年オフは（大谷翔平選手がアナハイム・エンゼルスにポスティングで入団したタイミングだ）、錚々《そうそう》たる注目選手がいたのだが、まずその選手たちの契約がまとまらなかった。例えば注目選手のひとりであるダル（ダルビッシュ有）の契約も、噂《うわさ》はあっても、一向に進展がなかった。

そんな市場において、年齢がネックとされる「上原浩治」に声が掛かるのには時間が必要だろうな、と思っていた。おそらく、年は越す（2018年に入ってから）だろう。早く決まるに越したことはないが、こればかりは自分でコントロールできない。

できることは淡々と準備をするだけ。とにかく、あと1年だけメジャーでやりたい。もし、その1年で結果を残すことができて、またオファーがあればそのとき考えよう――。

1カ月前の11月に始めた自主トレは順調だった。家族の住むボルチモアで約1週間休んだ後、日本に戻りみっちりと体を動かしていた。これは例年通りのスタートで、多くの人がオフにあてるこの時期から、週6日トレーニングをしてキャンプインを迎えるのが1年の流れである。謙遜でもなんでもなく野球がへたくそな僕は、人より練習をしなければ、マウンドで勝つことはできない。チームが決まったときのためにしっかり備えよう。

このときはそんな思いで日々、練習に明け暮れていた。

―2018年2月―

直面した「決まらない」という現実

バイクを漕いで数十分。肩、ひじ、ひざ、股関節……体がいつもどおり反応していることを確認して、グラウンドへと向かった。ボールとグローブ、スパイクに水を2本とアメリカンフットボールを1個。いつもの持ち物である。ここ数カ月は、そこにスマートフォンが加わった。

朝の9時前ということもあって、陽射しが強い。練習相手としてシーズンオフからずっと手伝ってくれている澤井（僕のマネジメント会社の代表でもある）が続くのを後ろ目に、グラウンドで股割りを始めた。

誰もいないグラウンドに、孤独感が募る。

「なんでやねん、なんで決まらんねん」

つい、スマートフォンをのぞく。

いつ代理人から連絡が来ても対応できるようにと、スマートフォンを自主トレ中も持ち歩くようになっていた。昨年（2017年）の10月にシカゴ・カブスをFAになってから4カ月が経っても、今年（2018年）の所属先は決まっていなかった。

2月末にもなって、どこのユニフォームを着るかが決まっていない。その焦りは相当なものだった。すでにプロ野球のキャンプは終盤のタイミングで、日本より遅くキャンプが始まるメジャーリーグのチームですら開幕をにらんだローテーションでのオープン戦を戦っていた。シーズンは目の前だった。

プロ生活20年目。こんな経験をしたことは一度もなかった。

年齢が問題なのか。

43歳になるから、どこも契約してくれないのか――？

いつもどおりふるまっているつもりだったが、周りにはどう見えているのだろう。

この日は、ブルペンに入る予定だった。例年であれば、ブルペンである程度の投げ込みを行い、バッティングピッチャーをする日程を確認する段階にある。チームがない僕にはそれができない。

いつも借りていたグラウンドは、少し前まで社会人チームが練習をしていたのだが、彼らですら沖縄へとキャンプに向かっていった。

本当に誰もいないのだ。

走り込みをし、キャッチボール、遠投と通常のトレーニングを終えると、ブルペンに向かった。ブルペンではグラウンドを整備するスタッフたちが、例年どおり（グラウンドを誰も使わない時期、という意味だ）マウンドの保全を行っていた。

「すみません、借ります」

保全をしているのに、申し訳ないと思いつつ、マウンドの土をスパイクで掘る。キャッチャーを立たせて数球。その後、座ってもらってストレートを投げ込む。まったく、球が走らなかった。力を入れても、（18年間、幾度となくしてきた）ポイントを確認し直す作業をしても、駄目だ。

「今日は、もうやめておくわ」

捕手を務めていた澤井にそう言うと、この日の練習を切り上げた。

たぶん、現役生活の中で、自分で決めた練習を途中で切り上げたのはこのときが唯一ではないだろうか。

どうしてもネガティブになる。そんな状態だった。

メジャーでやりたいのか？　それとも……

チームが決まらない。プロ選手である以上、仕方がないことである。それにしてもこのシーズンは異例だった。決まらなすぎる。このオフ最大の注目選手のひとりだったダルは、（僕と入れ違いで）シカゴ・カブスに入団することになったのだが、それが決まったのも、2月半ばのこと（※2月13日に6年1億2600万ドル）。

2月上旬の時点で100人を超えるFA選手の契約が決まっていなかったという。キャンプインは2月中盤だから、ちょっとあり得ない。シカゴでチームメイトだったアリエータ（2015年のサイヤング賞投手で4年連続二けた勝利を記録している）や、（前年に119試合で45本のホームランを打っていた）ダイヤモンド・バックスのJ・Dマルティネスといったトップクラスの成績を残した選手が未契約で、日本人ではイチローさんも所属がない状況だった。

あまりにも決まらないものだから、シーズンへの調整を懸念したメジャーの選手会が、

「未契約FA選手合同の自主トレ」を計画している、なんて話があったくらいだ。

これもメジャーの厳しさである。

ただ、プレーする選手からすれば、決まらないというのは本当に難しい状況だ。通常であればそのシーズンにマウンドで、ユニフォームを着てプレーする姿を想像できるタイミング。自分の役割や、チーム内のライバルをしっかりと定めておきたい時期。その想像すらできないのだから。

このまま決まらず、宣言通り「引退」することになるのか……。

現実に直面してみると、その葛藤はすごかった。

11月から厳しいトレーニングを積んでいくうちに、まだまだプレーしたい、マウンドに立ちたいという思いが募り、できる、という感覚も強まっていた。そもそも、1シーズンを戦うために逆算して自主トレを行っているのだ。僕にとってシーズンは前年から始まっていて、すでに4カ月を戦ってきた感覚がある。

そうして頭をもたげ始めたのが、本当にメジャーにこだわるべきか、という疑問だった。

「メジャー一本で、そうでなければ引退」とは言ったものの、このタイミングにまでなってチームが決まらない現実に対して、本当に大切なことは何なのか、自問するようにもなっていた。

メジャーでやりたいのか。それとも野球がやりたいのか。

もちろん、メジャーでやれればそれはうれしい。でも、だからと言って「野球ができなくなる」かもしれないのに、「メジャーにこだわり続ける」自身のスタンスは本当に必要なものなのだろうか。

自分の答えは明確だった。

「野球がやりたい」

日本のチームでも、自分を必要としてくれるチームがあるならやりたい。

実は、いくつかの日本球団から打診も来ていた。それだけでありがたかったが、中でも、心を揺さぶられる話があった。

古巣・ジャイアンツが、僕の動向を気にしてくれている、というのだ。最初は本当かどうかわからなかったが、そうした声が届くと気持ちが傾いた。プロとして期待されるチームでプレーする、これほど心が躍るものはない。

そして僕は、この所属先が決まらない状況に終止符を打つために、渡米することにした。アメリカにいる代理人と話をし、家族とも話をするためだった。

―2018年3月―

少年時代に戻ったようなジャイアンツ復帰

一回口にしたことを翻すのはカッコいいことではない。

ふだんから思ったことを口に出してしまうタイプではあるが、このときばかりは反省した。

アメリカに行き、現状について詳しく話を聞いた。代理人は、「こんな年は、経験したことがない」と言い、「まだ決まっていない選手が40人以上いる」と、見通しが良くないことを正直に伝えてくれた。だから、僕自身も思いを伝えさせてもらった。

日本で僕を必要としてくれるチームがあるのであれば、そこに行きたい。

代理人は承知してくれた（日本のチームとの契約は個人で行っていた）。感謝しかなかった。

アメリカで暮らす家族には、日本復帰の思いを伝えた。

前言を翻したことで批判があがるのは覚悟のうえだった。

チームが決まらない間に考え続けていたのは、「やっぱり野球をやりたい」、もし野球をやらなかったら「何をしていいのかわからない」、そして「自分の思いに正直であろう」ということだった。

アメリカから日本に戻ってからというもの、取り寄せたNPB（プロ野球）の公式球を肌身離さず持つようにした。練習はもちろん、ベッドに入ってからもその感触を確かめながら眠りについた。まるで少年時代に戻ったようだった。

そして3月9日。新たな所属先が決まった。

読売ジャイアンツ。

東京ドームホテルで会見をし、10年ぶりにジャイアンツのユニフォームに袖を通すと、ほっとした思いと同時に、獲得してくれたジャイアンツに対して「結果で恩返しをする」という覚悟が湧いてきた。引退はもう口にしない。

翌日、さっそくブルペンに入り39球を投げた。

サンキュー。

ここまで迷惑をかけた人への、感謝の気持ちだった。

―2018年10月―

クライマックス・シリーズ、対山田哲人

2018年、ジャイアンツはシーズンを3位で終え、クライマックス・シリーズに進出していた。

まだ日本一のチャンスはある。かける想いは強かった。

このシリーズを前に（高橋）由伸が、成績不振を理由として監督辞任を発表していた。同級生であり、僕を獲得してくれた監督が背負った責任――。

できることをしようと、準備をしていた。

下剋上を目指した2戦先勝のシリーズ、対するは2位東京ヤクルトスワローズ。その初戦、ジャイアンツの先発は今村（信貴）。

満員となった神宮球場は独特の雰囲気に包まれていた。外でこうした熱気を感じるのはいつだって気持ちがいいし、緊張もする。

「早い回、あるぞ」

豊田投手コーチにそう言われ、5回が始まると肩を作り始めた。

2対1でリードをしていた5回2アウト。今村がツーベースヒットを打たれると、コーチから声が掛かる。

「ウエ、行くぞ!」

アナウンスに球場がどよめいたのがわかった。期待だろうか。不安だろうか。

緊迫したシーンで対するは3番・山田哲人選手。このシーズン、自身3度目のトリプルスリー(3割・30本・30盗塁)を記録した球界きってのスラッガーであり、僕にとっては苦い記憶があるバッターだった。あれは7月26日の試合、延長11回のこと。勝ち越し打を打たれ、ファーム落ちするきっかけとなった登板である。

そんな山田選手と、クライマックス・シリーズという負けが許されない試合の、一打同点という、しびれる場面での対戦。

アドレナリンが出ていた。

初球、スプリットがボール。

2球目もスプリットでストライク。3球目に136キロのストレートで追い込み、1ボール2ストライクから最後はスプリットを思い切り投げ込んだ。三振。

思わずグローブを叩《たた》いた。

次の回もマウンドに上がるとバレンティン選手をキャッチャーファールフライ、雄平選手を三振、大引選手を三振と、打者3人に対して2三振。久しぶりに自分らしい投球ができたシーンだった。

ファイナル・ステージへ王手をかけた翌日の一戦は（菅野）智之がノーヒットノーランを達成する素晴らしい投球を見せてくれた。日本シリーズ進出をかけた広島東洋カープとのファイナル・ステージに向け、いい雰囲気で臨むことができたが、ここからは力負け。3連敗を喫し、このシリーズで敗退した。

ファイナルは僕も1回を投げたが1失点。これが激動の2018シーズンの最終登板となった。残った成績は、36試合に登板して0勝5敗、防御率は3・63。結果がすべてだった。

決心していた「人生初の手術」

カープに敗れシーズンが終わった10月19日から禁酒を始めた。

左ひざを完治させ、プレーできる状態になるまではお酒を飲まないと決めたのだ。

左ひざの手術をする。この気持ちが固まったのはシーズン中盤頃である。それはつまり、来年も現役をやる、という決意だった。

せっかく契約をしてもらったこのシーズン、お世辞にもチームに貢献できたとは言えなかった。獲得してくれた鹿取GM、由伸監督の力になれず、もどかしい日々。ファームで調整をした期間は1カ月近くあった。

マウンドの感覚が違う、バッターの反応が違う、キレのある球がいかない……その理由を分析すればキリがないけれど、一番気になっていたのは左ひざの状態だった。

踏み出しの足で、投球する際には全体重が乗る大事な箇所は、前半戦から痛みが出始め、シーズン終盤に向かうに連れて悪化した。溜まった水は5日に1回ほどのペースで抜かなければいけなかった。日常生活にも支障が出るようになり、9月には階段の昇り降りですら苦しい状況だった。

チームに迷惑をかけ、自身も納得しないまま終わるわけにはいかない——。

まだやりたい、と思ったのには、このシーズンに悔いと手ごたえが両立していたことも関係していた。

悔いは、キャンプを経ないシーズンインだったこと。自分が招いたことではあったが、準備が足りなかったのは明らかだった。

ピッチャーにとってはマウンドで見る打者の反応がすべてだ。球速や回転数や、いろいろな指標があると思うけれど、それが良いものだからといって打ち取れるわけではない。130キロのストレートだったとしても、バッターが速いと感じていれば打ち取れるし、150キロのストレートだって、バッターが反応できていれば打たれる。

先に紹介した、スワローズ戦がいい例だ。ストレートは最高が136キロで、それも山田選手への1球だけ。バレンティン選手への最速は135キロ、雄平選手は130キロ、大引選手は134キロだ。

だからこそ、ピッチャーはバッターが自分の球に対してどう動くか、どう感じるかを見極める準備が必要なのだ。

具体的には、シーズンに向けて体を作っていく自主トレ。投げ込みながらバッターへの感覚を見るキャンプ。それを試合で確認していくオープン戦。そういう順番になる。

その点で、昨年(2017-2018年)はチームが決まらず、バッターへの感覚を見ることなく、いきなり実戦へと向かった感覚だった。

手ごたえがあったのはシーズン中盤だ。日本のボールやマウンドといった環境に対して試行錯誤し続けていたことが、これならどうにかなるのではないか、というレベルにまで来ていた。バッターへの反応も上々だった。そのハイライトがスワローズ戦だった。

ひざの痛みさえ取れればまだできる。

でもひざの痛みを取らなければ通用しない。来年もやりたい。

もちろん、ジャイアンツが契約を延長してくれるかどうかなんてわからない。他に必要だと言ってくれるチームがあるかだってわからなかった。

でも、ここまでやってきて悔いを残すようなことはしたくなかった。

「オフからの自主トレ場所、手配しといてな」

夏も終わる頃には、すぐにでもトレーニングを開始できる体制を整えていた。

そのためにもまずはひざの手術が不可避だった。

再びの「自由契約選手」

広島戦の4日後、左ひざを手術した。

手術しないという選択肢はなかった。けれど、初めての体にメスを入れる不安は大きかった。これまでも太ももやふくらはぎを肉離れし、ひじの故障、（打球を素手で捕りにいっての）手首の骨折など、ケガと戦い続けていた。それでも一度も手術をしなかった。それがこの年齢になってすることになるとは……。

内視鏡による左ひざのクリーニング手術。医学的には、そんなに難易度の高いモノではないらしい。

手術が終わり、全身麻酔から目が覚めたときの感覚は、いま思い出しても不快なものだ。意識がもうろうとしていて、手術した足は動かない。本当に治ったのか？　そう思いたくなる。手術したのだからそれが当たり前だけど、病室にいることが、よけいに体を悪くしそうで嫌だった。

それでも、執刀医の先生などさまざまな人の協力があってやりきることができた。あとは、来シーズンをいい形で迎えること。――まずは所属球団を決めなければいけない。

手術をしたことは、ジャイアンツと自由契約になる――つまり、契約を切られることを意味していた。

いまだから書けるが、実はシーズン中、ジャイアンツには「シーズンが終わったらひざの手術をさせてほしい」と伝えていた。いい顔はされなかった。「手術しない、という選択肢はないのか?」。——それはそうだ。43歳を迎えるピッチャーが人生で初めての手術をする。もろ手を挙げて賛成、というわけにいかないのは納得できた。

話し合いの末、一度、自由契約選手とし、手術後の経過を見つつ、2月1日からのキャンプでテストをする、ということで話がついた。つまり、ジャイアンツを含めたどのチームとも契約できる可能性があるけれど、同じくできない可能性もある。ただ、ジャイアンツはキャンプにテスト生としてのチャンスは与えるよ、ということだ。

正直に言えば、いい気はしなかった。

42歳にもなって背番号なしでキャンプに臨み、契約できるかもわからないのだ。愚痴が口をつくこともあった。

ただ、先に書いたように、冷静に考えれば当然だ、とも思えた。結局、これまでの人生と同じじゃないか。もらったチャンスで結果を出す。そこで認められていくしかない。

10月29日、左ひざを手術して1週間を経て、再び僕は、1年前と同じ「自由契約選手」となった。左ひざはまだパンパンに腫れていた。

―２０１８年12月―

原辰徳監督に、再び救ってもらう

術後すぐは、本当に治ったのかと疑心暗鬼だったが、その後のリハビリは順調に進んだ。退院したあと、早々に家族のいるアメリカに帰った僕は、妻が見つけてくれたひざの権威の先生のもと、日々リハビリに努めていた。

例年どおり、11月には自主トレも開始をしていた。下半身のトレーニングはできないが、上半身を中心にウエイトトレーニングなどで体を動かし（上半身ばかり鍛えているから、一気に球速が上がっているんじゃないかと思うほどだった）、所属の決まっていないシーズンにいつものように備えていた。

いつもと違ったのは、完全にオフを抜いたことだ。

メジャーに行って以降、シーズンが終わると１週間ほど、トレーニングを一切しない時期を作る。そしてこの時期だけは好きな食べ物、飲み物を好きなだけ口にする。シーズン中、お酒はビール缶１、２本程度にし、甘いものはなるべく口にしないようにしている。

そうした我慢を開放するわけだ。1年に1回だけのこの時間は、長いシーズンへのモチベーションを維持するためにも大切に——というよりも、ただただ、楽しみにしていた（笑）。その楽しみの時間をなくした。それくらい、2019年にかけていた。

背中を押してくれるような出来事もあった。

ちょうど僕が手術をした日、ジャイアンツの新監督に原さんが復帰することになったのだ。2002、2003年そして2006年から2008年までをともに戦った監督である（結果的に見れば、原さんの存在こそが「ジャイアンツ・上原浩治」だったかもしれない）。

所属球団が決まらない、1年前と同じ状況。キャンプでいい姿を見せ、契約を勝ち取ろうとトレーニングを続けていた。12月の関東は冷えるからひざや体の動きに十分注意していた。

そんな折、原監督から連絡をもらった。

テストを受ける必要はなく、契約をしたい、という内容だった。原監督が球団に掛け合ってくれたのだった。

「上原浩治という選手は、その実績を含めて背番号なしでテストをさせるような選手じゃない」

それだけではない。12月14日の契約の際には「背番号19」が用意されていた。前年まで（菅野）智之がつけていた番号。押しも押されもせぬジャイアンツのエースとなった男は、僕がメジャーに移籍したタイミングで入団し、僕が10年つけていたその「19」を背負っていた。その智之が、エースナンバーである「18」に背番号を変えたこともあり、「19」が空いていたのだ。プロ入り後、ジャイアンツでずっとつけていたこの番号は、僕が浪人生の頃（決して裕福ではなかった上原家の家計を圧迫させまいと、夜はバイトをし、昼の授業とトレーニングに臨んでいた「19」歳の日々は、なかなかしんどいものだった）の苦しかった記憶を忘れないためにと望んだ、思い入れの強い番号だった。

意気に感じないわけがなかった。

もうちょっとだけ野球がしたい、その思いだけに突き動かされていた19歳の頃。あのときと同じだった。

大きく違うのは、そこに支えてくれる多くの人たちの思いが加わったことだ。自分だけのためではないマウンド。ジャイアンツ、原監督、そしてファンの人たちに恩返しをするためにも、もうちょっと野球がしたい。

「このシーズン、ジャイアンツのために完全燃焼して引退しよう」

本当の、本当のラストシーズン。

前年のような思いとはまったく違った「引退」への決心だった。

契約が決まり、会見の日程が決まると原監督へお礼の連絡をした。そして、そこでこのシーズンにかける思いを伝えた。

「このシーズンで引退しようと思います。会見でもそれを伝えようと思っています」

原監督は言った。

「それは違う。辞めると言ってしまうことは自分のゴールを決めてしまうということ。伸びることがなくなってしまう。もしここで活躍できたら来年もあるだろう」

再来年以降もやるイメージはなかった。むしろ、そんなことまで言ってもらえたら、とことんやるしかない。ありがたい、思いを返したい。

原監督には「10対0とかではない、大事な場面で使う、その準備をしてほしい」とまで言ってもらった。

ジャイアンツのために、自分自身の野球人生をかけてフルシーズンを戦う気持ちはより強く、明確になっていた。

そういえば、僕が再契約をしたタイミングでびっくりするような噂があった。ジャイアンツの名誉のためにも言及しておく。

その噂は、FAで獲得した選手の代わりに、もともと所属していたチームへ提出する「人的補償のプロテクト名簿」に僕を入れないために一度、自由契約にしたというものだ。確かにジャイアンツはこのシーズンオフに、埼玉西武ライオンズからFA宣言をした炭谷銀仁朗選手と、カープからFA宣言をした丸佳浩選手を獲得していた。ともに人的補償の対象となる選手で、ジャイアンツは支配下登録選手から28名のプロテクト名簿——人的補償の対象外となる選手が示された書類をライオンズ、カープに提出しなければならなかった。その期限が12月12日までだったという。僕の獲得がその翌々日だったから、プロテクト名簿に載せる選手をひとり減らすために自由契約にしたんだ、という噂が広まったようだった。

ここまで書いてきたとおり、僕は本来、テスト生としてキャンプに参加するはずだった。つまりジャイアンツの選手でいれる可能性は、2019年2月以降にならないとなかったはずの選手なのだ。

原監督が僕を「戦力」として認めてくれてその契約が前倒しになったわけで、その過程を見ても、プロテクト云々《うんぬん》の話にはまったく関係がない。そうでなければ、僕が愚痴を言うことすらないのだから（笑）。

―２０１９年１、２月―
自主トレーニングは少人数で寒いところで

1年前と違い、年内にチームが決まったことは心に大きな余裕を持たせてくれた。それと同時に、ラストイヤーを充実したものにしなければいけない、という使命感もあった。11月、12月はリハビリと上半身のトレーニングを中心に行い、年末にはダッシュと70メートルまでの遠投ができる段階にまで来ていた。

新年を迎えてもそのペースは変わらない。正月となれば多くの人はお休みモード、ゆっくりと日々を過ごしているのだろうけど、僕にとってはとても大事な、日々を積み重ね続ける時期だ。誰もやっていないんだから、差をつけることができる。

手術の影響で、例年より動ける範囲が少なかった年末だったが、ここにきてそのピッチも上がっていた。心配していた左ひざも大きな問題を抱えることなく順調な様子だった。

自主トレはここ数年、スワローズのライアン（小川泰弘）と一緒に行うようになってい て、最近では同じくスワローズの田川賢吾や高橋奎二らも来ていた。

基本的に僕は、自主トレをひとりでやりたいタイプだ。加えて言えば、多くの選手がやるような暖かい場所——ハワイやグアム、沖縄など——でやることを好まない。

理由はシンプルで、それが野球だからだ。

実際の試合のマウンドにおいて他のピッチャーや野手が助けてくれることはない。野球はピッチャーを含めた9人がグラウンドにいるが、だからといって誰かが一緒に投げてくれるわけではない。バッターも同じで、バッターボックスに誰かが一緒に立って助けてくれるようなことはない。野球はチームスポーツではあるが、ひとりで戦わなければならないスポーツでもあるのだ。

同じように、実際の試合を沖縄やハワイといった暖かい場所で行うことはない（最近は、沖縄シリーズなどもあるけれど、ずっと暖かい場所ではやらない）。

そうやって実際の試合、野球というものに即して考えれば、ひとりでやることは僕の中では当然のことだった。（他にも、どんな選手だってライバルだという思いもあるし、体の問題もある。暖かい場所でやると体が動きすぎてオーバーペースになってしまうが、寒いところでやれば、アップも入念になるし、痛い箇所がわかりやすい。考えてみれば、自主トレを複数人でやるメジャー選手に会ったことがない)。

とはいえ、みんなでやることを否定するわけではない。そうやってモチベーションが上がり、意見交換ができ、技術が上がるのであれば何の問題もないだろう。実際にそういう選手が多いかどうかは別問題だけれど……。

話が逸れてしまったが、ライアンをはじめとした若い選手が、何かを盗みたい、レベルを上げたいと思い、僕と一緒にやりたい、と言ってくれるのはとてもうれしいことでもあった。そしていざ一緒にやってみると、自分に発見があったりもする。若い選手の体をうらやましく思ったりもするし、球が速いな！　とか圧倒されそうにもなるが（笑）、向上心を持って取り組む彼らに気づかされることはあるものだ。

ラストシーズンと決めた今年、彼らともう自主トレをすることがないのかと思うと少しさびしかった。

11年ぶりの日本キャンプ

キャンプインまで1週間を切った1月25日には、手術後初めてキャッチャーを座らせたピッチングを行った。ボール自体はまだまだ。手術の影響もあって、下半身の踏ん張りが効いていない状態だったが、なんせ手術をするということ自体が初体験だから、これがいい傾向なのかそうでないのかすら、わからない。少なくとも上半身の仕上がりには満足できるレベルだったし、シーズン中5日に1回だった左ひざの水抜きが20日に1回程度にまでなっていたことを踏まえれば、順当なのだろう。そう思うようにした。

そうした、ちょっとした心配以外は例年どおりの準備ができた。精神的に追い込まれていた1年前とはまったく違うオフになっていた。

合同自主トレを経て（ユニフォームを着ないでチームメイトと練習をするのは新鮮だった……）、いよいよキャンプインだった。

11年ぶりの日本のキャンプ。宮崎。あまりに昔のことのようで、当時どんなふうに過ごしていたか覚えていない。

二軍からのスタートだったが、チームからは「好きなように調整していい」というありがたい言葉をもらっていた。
「慌てず、焦らず、コツコツと」
その思いを胸に、これも11年ぶりの「背番号19」に袖を通した。

久しぶりでいろいろなことを忘れていた日本のキャンプでは、感慨深いこともあった。キャンプにはたくさんの報道陣がいる。各局のテレビ、新聞社……、そこに交じって、OBの解説者の方々もやってくる。

僕が調整している二軍の練習は、一軍の選手が練習をする球場から歩いて10分ほどのところにある。一軍には(坂本)勇人や(菅野)智之といったスター選手がいるから、メディアや解説者の数も多い。それに比べると距離のある二軍に顔を出す人はだいぶ減る(ジャイアンツはそれでも多いほうだと聞くが)。そんなところにわざわざ由伸、小関(竜也)、そして豊田(清)さんが顔を出してくれたのだ。

いずれも昨年(2018年)ジャイアンツのユニフォームを着て、ともに戦ってきた監督、コーチだ。勝利が義務付けられるジャイアンツにとって3位は評価されない。特に、豊田さんは一軍のピッチングコーチで、いつも僕のことを気にかけてくれていた。

スーツを着てグラウンドを眺める3人の姿を見ると、結果を残すことができなかった時間を思い出し、とても申し訳なく思った。なんとしても今年は結果を出さなければならなかった。

「50試合を投げる」

昨年できなかった貢献を、マウンドで果たす。目標は定まった。

キャンプ前半では投げ込みを重視し、後半ではバッターとの感覚、反応を見て微調整をしていく、そんなプランでキャンプに臨んでいた。実際、前半に3度のブルペン、後半でバッティングピッチャーに3回取り組み、いずれも少しずつ球数を増やしていった。

投げ込みを重視する、と言いながらそんなに投げていないように感じるかもしれないが、これがいつものペースだ。

僕の場合、もっとも重視していた練習が遠投だった。ブルペンはあまり好きではなく、それよりは遠投の数をこなすことで投げ込み、肩を作るようにしていたわけだ。

シーズン中でもそれは同じだ。

入団1年目（この年の僕は、右も左もわからない中、がむしゃらに突き進んだ結果、20

勝を挙げることができた)、僕は一度もブルペンに入っていない。登板までの間で気になることはすべて、遠投をすることで微調整をしてきた(ちなみに言うと——知人によると——1年目、僕はシーズン前半までは試合での投球数を120球までにしてくれ、とチームにお願いしていたらしい。しっかりとインタビューも残っていて、ずいぶんとエラそうなことをしていたものだ、と自分のことながら苦笑いしか出ない)。

この遠投中心の調整、トレーニングは、大学時代から大事にしていた。それは指先の感覚がよくわかるからだ。入団1年目にはサードからファーストに向って思い切り投げる、というトレーニングもしていたが、いずれも全身を使って投げなければいけないし、指先の感覚が敏感になる。

指先の感覚。これは僕にとって大事な指標のひとつだ。

野球経験者は、遠投をしながら変化球を投げなさい、と言われたことがあるかもしれない。その意図するところは僕の考え方に近い。例えばカーブの遠投というのは、腕の振りや、下半身の使い方だけではなく、指の感覚がポイントになる。どのあたりでリリースするとどこのほうへ送球が行くのかが、わかりやすい。

僕の数少ない球種のひとつであるフォーク(これを体得したのはプロ入り4年目の頃だ)

も、遠投をすることで指先の感覚を叩きこんだ。100メートルでこの指の感覚（リリースの感覚とも言える）ならここにいく、ということを頭と体に染みこませ、次に50メートルで投げたらここ、30メートルで投げればここ、と徐々に距離を縮めながらチェックをする。そうすることで18メートル（ピッチャーとキャッチャーの距離になる）まで落とし込んでいくわけだ。

遠投には肩を強くするメリットもあるから、肩を作る投げ込みとして僕にはぴったりだった、というわけだ。

一方で、ブルペンがあまり好きではない理由は、バッターがいないからに尽きる。先にも書いたとおりピッチングで重要なことはバッターの反応である。ピッチャーはバッターがどんな反応をするかを窺《うかが》い、それによってピッチングを変えていく。実際の試合ではバッターからのプレッシャーを感じることでコントロールが狂うこともある。

しかし、バッターがいなければそれがわからない。

結局、バッターが立ったときにいかにコントロールできるかが大切なのであって、そういう状況にない練習にあまりメリットを感じてこなかった。このあたりは後述したい。

これは現役生活約21年間、ずっと変わらない僕の考え方だった。

周囲からはずいぶん変わっていると思われていたようだ。きっとデビュー1年目に結果が出ていなければ、続けることができなかっただろうと思う。

僕の場合はこの方法でやり続けてきたわけだが、これを万人に共通する正解と言うつもりはない。

人によって体の作り方はさまざまだ。ダルのように走り込みより他のトレーニング、という選手もいれば、僕のようにそれ（走り込み）がないとダメな選手もいる。ブルペンで投げ込みたいピッチャーもいるだろう。大事なことは自分の体に合った方法をいち早く見つけることだ。そこに正解はない、ということも知っておくべきだろう。

ひとつ気を付けなければいけないのは、「誰々がやっているから（みんながやっているから）俺もやる」という発想だ。試してみる、やってみることは大事だが、それは自分の体を知ったうえでなければ、実際にその方法が合っていたかどうかわからないままになってしまう。

残念なことにプロ野球界においてもこういう選手をたくさん見てきた。

極端な例で言えば、ダルが走りこまないからといって僕が走るのをやめていたら、いままで現役を続けることはできなかっただろう。

自分の体を知る、これについても後で書いている。

メジャーに近い原監督のスタンス

何はともあれ11年ぶりのキャンプは本当に充実したものになった。いつでも一軍に上がる準備ができていると言えた。左ひざについてはほとんど意識することがないくらい回復していたし、言葉が通じる若い選手たちとプレーする新鮮さは格別だった。

合同自主トレから1カ月。毎日、二軍の選手たちと過ごした。僕がプロ入りしたときに生まれた選手もいた。あまりの差に笑ってしまうが、若い選手から見たら笑えないだろう。声を掛けづらい先輩、特別扱いされていると思われてはいけないと思い、できる限り同じメニューをこなすことを心掛けた。

シーズンに入れば、自分の体と相談しながら、別行動をしなければならないこともある。せめてキャンプは同じ土俵でボールを追い掛けたかったのだ。

練習メニューだけでなく、朝6時から行われるジャイアンツ恒例の「早朝散歩」にも出掛け、まだ寒い宮崎を歩いた。おはようございます、と挨拶《あいさつ》をしてくれる面々の名前を覚えるのに苦労したけれど、続けていくうちに顔と名前が一致するようになっていった。

そんな1カ月で——周りのことを気にする余裕なんてなかったというのが本音だが——いくつか感じたことがある。

ひとつは日本の野球のレベルが上がったな、ということ。メジャーに行く前は日米の差はとても大きいものだと思っていたけれど、戻ってくるとその差はずいぶん縮んでいると感じた。

また、気質も大きく変わっていた。

そもそもジャイアンツに復帰した昨年（2018）の時点で、一緒にプレーしたことがある現役選手は（阿部）慎之助と亀（亀井善行）ちゃんくらいしかいなかった。慎之助は長いことバッテリーを組んだが、亀ちゃんはまだプロ入り間もない頃だったから、会話らしい会話をした記憶がない。

あの頃は、先輩と話すことは怖いことだった。だけど、いまの若い選手たちにはそういう雰囲気が全然なかった。

単純な言葉で言えば、仲が良い。これにはいい面も悪い面もあるのだと思う。お互いに情報を共有し合えることはレベルアップにつながる。いろいろな経験をしてきた先輩に話を聞けるのは合理的だ。一方で、仲が良すぎて、お互いがライバルである、という意識が薄れてはいけない。試合が始まるまでは、まずチームメイトとの勝負がある、そういう気持ちも必要だろう。

監督やコーチの立ち位置がメジャーと違うことにも目がいった。

日本の監督はあまり声を掛けてくることがない。それはその間にコーチがいるからだ。ピッチャーであれば、ピッチングコーチがいて、監督の考えやチームの方針をコーチとすり合わせたうえで、選手に伝える。プロ野球を球場で観戦することがある人は、試合前の練習で監督がバッティングケージの裏にずっととどまっているのを見たことがあるかもしれない。日本の監督はそういうイメージだ。

メジャーの場合はまったく違って、練習中に監督がグラウンド中をいつもウロウロしている(特に外野あたりなのだけど、それは選手たちが外野でボール拾いやストレッチなどをしているからだ)。それはボルチモア(オリオールズ)でもボストン(レッドソックス)でもテキサス(レンジャース)でもシカゴ(カブス)でも変わらない風景だった。監督たちは、ウロウロしては選手たちに話し掛ける。「今日はどうだ、元気か」そんな他愛のない言葉だけど、選手からすれば親近感が湧く。メジャーで試合前に、対戦相手となった監督たちに挨拶に行くようなったのは、そんな関係性が出来上がっていたからだろう。

その点、原監督はアメリカに近い、というかものすごく選手と距離が近いと感じる監督だった。日本でそういうイメージがある監督は少ないように感じる。

―2019年3月―
充実した二軍生活、呼ばれない一軍

本当の意味での「ラストシーズン」へのスタートは、充実したものだった。1年前と比べれば、どれだけ違うか――主に僕のメンタル面で――感じてもらえたのではないか。

体を作り、遠投をこなして投げ込む。欲を言えば、もう少し走りたかったけれど、これは手術明けなのだから仕方がない。バッターとの感覚をつかむためにバッティングピッチャーをやり、次は実戦における感覚を微調整していく段階だ。

声が掛かればいつでも一軍に行ける状態になっている。原監督に言われた「大事な場面」で結果を残す。その手応えがあった。

2019年、試合での初マウンドは春の教育リーグだった。二軍のオープン戦のようなものだ。ジャイアンツの二軍の拠点であるジャイアンツ球場での千葉ロッテマリーンズ戦。6回から1回を投げて三者凡退、10球で終えることができた。投げるたびに激痛が走った昨シーズン（2018年）のことを思えば、大きな進歩だ。

4日後の14日にも教育リーグ・東北楽天ゴールデンイーグルス戦で1回を投げ三者凡退。今度は7球で終えた。この時期としてはもう少し球数を投げたかった……そんな欲が口をついて出るほど、感触は良かった。この日のストレートは最速が138キロだったらしい。記者からそれについて聞かれたが、まったく気にならなかった。

遅いという意味なのだろう。でも、これがずっと僕のスタイルだった。

失ったイチローさんへの挑戦権

一軍に呼ばれないまま、二軍では一軍より2週間早い3月15日に公式戦が始まった。開幕からフル回転できるよう逆算をしていく中で、どこに課題があるか、何が必要なのかはわかっていた。フォークの制球、落ち方。特に低めにコントロールしていくこと。それ以外は、一軍のバッターに対したときの反応や、感覚を大事にすればいい。

早く上がりたいという気持ちがなかったと言えば嘘になった。

それとは別に、3月には成し遂げたい目標もあった。

2019年3月17日。

ジャイアンツ球場では、二軍の開幕2戦目が行われていた。僕にとって2019年の最初の公式戦登板。

北海道日本ハムファイターズ戦。先発した寛ちゃん（大竹寛）が4回を無失点に抑えたあとの5回からマウンドに上がる。センターフライ、三振のあとエラーでランナーひとりを出したけれど、バッテリーを組んだ22歳（僕の歳の半分だ！）のキャッチャー岸田（行倫）が盗塁を刺してくれて三者凡退で終えることができた。

どんな試合のマウンドであっても最初の1球を投げるまでは緊張感がある。二軍でも、世界一がかかったマウンドでも、そこに差はない。だから、まずバッターに対して投げることができてほっとした。それとともに、開幕から一軍で一シーズンを戦うために組んできたメニュー、感覚を順調にクリアできていることに充実感を覚えていた。

一方で、心残りもあった。成し遂げたい目標を達成することができなかったのだ。

同じ時間の東京ドームでは、イチローさんが所属するシアトル・マリナーズがジャイアンツと対戦していた。マリナーズとオークランド・アスレチックスの開幕戦が日本で開催されることになっていて、そのオープニングシリーズとしてジャイアンツ戦が2試合組まれていたのだ。

イチローさん見たさに多くのファンが詰めかけ、大盛況だったと聞く。昨年（2018年）末にこの組み合わせが決まって以来、イチローさんと対決することが大きなモチベーションであり、目標になっていた。だから周囲にも、ずっとそれを口にしてきた。

メジャーで何度も対戦をしていて、覚えているシーンはたくさんある。

アメリカに渡って初めての対戦で、いきなりフェンス直撃のツーベースヒットを、その後もスリーベースヒットを打たれたこと。

以降はどうやったら抑えられるか考えながら、「目を見ない」で投げるようにしたこと（目を見ると、イチローさんを強く意識してしまうからだ）。

結果的に最後となった対戦でセンターフライに打ち取ったこと……。

もっとも忘れられないのは、日本でのオールスターゲーム。1999年のことだ。1年目の僕は、オール・セ・リーグの先発ピッチャーという栄誉あるポジションに指名してもらっていた。スター選手が居並ぶ中での緊張感あるマウンド。そこで僕は、1番の（松井）稼頭央、2番の小坂（誠）さんと連続三球三振という最高のスタートを切れたのだけど、それすら吹っ飛ぶような衝撃を与えられたのが、3番のイチローさんだった。

稼頭央を三振に取った後、キャッチャーの古田（敦也）さんがマウンドに来て、「松坂（大輔）より目立つために三球三振を狙うぞ」と声を掛けてくれていた——ように記憶している。個人的には、そんな余裕はなく、早くアウト9つを取り終えたい（このときは3回を投げると決まっていた）と思っていたのだけど、自然と心が昂《たかぶ》ったのを覚えている。

その対戦。

初球はストレートが内角高めに外れボール。

2球目もストレートで、イチローさんが空振り。

3球目、内角高めのストレートがボール。

4球目、フォークボールを空振り。

2ボール2ストライク。古田さんの言う三球三振はかなわなかったが、三者三振が狙えるシチュエーションにまで持ってくることができた。5球目、古田さんのサインは、内角へのストレートだった。僕は、思わず首を振った。当てるのが怖い、と思ったのだ。

そして投じた、5球目のフォークは、あっという間にセンターバックスクリーンへと飛んでいった。

衝撃的だった。

イチローさんのホームランに球場は大いに盛り上がっていた。これぞスターの一発という感じで、打たれたにもかかわらず、マウンドで笑っていた。

振り返れば、なぜ古田さんのサインに首を振ったのか、インコースに投げる勇気があったら、という悔しさもある。

でも、そんな打たれたことをこうやって鮮明に思い出せる。振り返っても嫌な気持ちにならない。それがイチローさんとの対戦だった。いつも楽しかった。

だから、目標にしてきたイチローさんとの対戦がかなわなかったことは、心残りだった。

出ない結果、くすぶり始めた不満

実を言えば、この頃からいろいろと思うことがあった。

「イチローさんと対戦したい」

僕がそう言っていたことに対して、二軍の選手がそんなことを言ってる場合か、という声が首脳陣の中にあると耳にしたのだ。

一理あるとは思いつつ、それを口にしてはいけないものなのか……。納得できないところもあった。二軍の選手であるのは事実だけど、単純に声が掛かっていないのも事実だ。選手はどうしてもこういう発想になりやすい。チームの勝利と自分の活躍が比例すればいいけれど、毎回そうはいかない。やれると思っていても、選ばれないこともある。

そういうときに大事なのは、やるべきことを変えずにやるということだ。僕の場合は、ジャイアンツ球場に練習開始の2時間前には入ること（だいたい一、二番。僕より早いことがあるのは澤村（拓一）で、彼も朝からやるべきことをやるタイプだった）、準備を抜かりなくやること、手を抜くことなく練習を続けること、終わったあとのケアをかかさないこと。いろいろある。

感情の波があるときに、そうしたことを抜いてしまったり、やめてしまったりしないこと。気持ちが乗らないと起こりがちなことにどう対応するか。コントロールできないことに対して「自分を変えてしまう」のではなく、それはそれとして受け止め――これはめちゃくちゃ悔しいけれど――結果で見返すという気概を持つことが大事なのだ。

その結果への手ごたえは十分にあった。

3月21日。待ちに待った一軍にようやく呼ばれた。合流は23日。一軍の開幕まで1週間。いよいよ始まる、シーズンへのスイッチが入った。

そんなときである。

「イチローさんが引退しました。コメントもらえますか?」

練習を終え、帰宅してゆっくりしていたところで、やたら携帯電話に連絡が来るな、と思ったら、旧知の記者からそんなメッセージがたくさん入っていた。

まじか。

「それ、ホンマか?」

そう返信したものの、どこかでその可能性は感じていたのだろう。この開幕シーズンの迎え方だって、あまりにイレギュラーな雰囲気があった。

ただ、受け入れるには準備が足りなかった。

イチローさんが引退する、という現実が訪れることが、想像できなかったのだ。あの人なら本当に50歳までやりかねないと思っていた。そして、僕より先に引退することになるなんて思いもしなかった。

もう、対戦することはないのか。

やっぱり初対決、インコース投げておけば良かった。そうすれば、イチローさんも僕を認めてくれたかもしれないのに……。

心にぽっかりと穴が空いたようだった。

イチローさんの最後のプレーは見なかった。会見も見ていない。

メールを打ち、僕なりの言葉を掛けさせてもらった。

「ご飯、また行かせてください。お疲れさまでした」

2018年のオフ、所属球団が決まらず悶々としていたとき、同じくチームが決まっていなかったイチローさんと、メールで何度もやり取りをさせてもらったのを思い出す。グラウンドだけではなく、精神的な面でも、大きな支えとなっていた。もちろん、本人はそんなこと一切、思っていないだろうけど……。

翌日あたりから世の中はイチローさん引退一色だった。

こんな引退ができる人はいないだろう。

特別中の特別。最後の2試合が日本で行われ、敵味方なく喝采を送る。

さまざまな人たちのコメントを見て、本当にすごい人だったんだと改めて実感した。

ちなみに言うと、イチローさんの引退が、僕の引退に何か影響を与えたかといえば、そんなことはない。ただ、たださびしかった。本当にそれだけ。

引退を決意していたとはいえ、シーズンに入ればそれを意識することはない。シーズンを通して投げる。チームの勝利に貢献することだけに照準を絞っているからだ。

だから2カ月後に自分まで引退するなんて、想像すらしていなかった。

―2019年開幕直前―

唯一の「一軍」

イチローさんの引退余波が続く中、僕はようやくこの年初の一軍に合流した。ロッテとの連戦、開幕に向けた最後のオープン戦だった。

なんとか間に合ったかな、一度はチャンスがあるだろう。

二軍では、ジャイアンツ球場へと向かう車中で、今日はどんなトレーニングをしようか、メニューに思案を巡らせるのがお決まりだった。

それが、一軍となると全然違ったものになる。自分の状況や現在の課題を再確認したうえで、バッターの反応を想像していく。より具体的で実戦的なシーンだ。そして感覚の張りが一回りも二回りも強くなり、緊張感が増していくのだ。

登板は4回からだった。（菅野）智之が先発し3回を投げたあとのマウンド。昨年の9月以来の東京ドームになる。

背番号19の価値を高めてくれ、そのまま18番をつけたエースのあとを受け継ぐシーン。シーズンでそういう場面をどんどん作っていけば、ジャイアンツの勝利に貢献できるはずだった（もっとも、智之ならば完投してしまうかもしれないが）。

簡単にこの日の登板を振り返る（僕の場合、いつもその日の試合のことはその日で解消するようにしている。三者三振でもその日、打たれてもその日に気持ちに整理をつけ、翌日はまた「新しい日」として迎えられるように）。

先頭バッターの中村（奨吾）選手にツーベースヒットを打たれると、続く4番の井上（晴哉）選手にはスプリットをセンター前に打たれ、いきなり1点を失う。その後は、キャッチャーフライ、空振り三振、ショートフライ。1回1失点という成績だ。

反省点は、課題だったスプリットになる。井上選手に打たれたスプリットは、二軍の登板でも気になっていたコントロールが問題だった。ちょっと高いのである。加えて、試合の流れを見ても、登板してすぐに連打で点を失うのは最悪だ。

ただ、久しぶりの一軍登板ということを考えれば、収穫もあった。打たれはしたものの、先頭の中村選手との対決では、思いどおりのコースにコントロールができていた。そして残りのアウトは三振とフライ。フライはバットの上で打つことで上がるもの。バッターからすれば思ったよりボールが来ていると思ったはずだった。

一軍で久しぶりに記者の人にも囲まれた。

「開幕一軍をまずは目標に。変化球の精度だね」

そのままシーズンに入れる――。手ごたえはあった。


しかし翌日、僕は再び二軍へ落ちることになる。

「そのまま二軍で調整しておいて」

そう言われたときはかなり落ち込んだ。オープン戦の最終戦、このタイミングで落ちるということは、開幕一軍がなくなったということである。

この日僕は、再びロッテ戦に登板していた。オープン戦では珍しい連投だ。7回に登板し1回を無失点に抑えた。中村選手に前日同様ヒットを打たれたものの、タイムリーを打たれた井上選手を打ち取った。左ひざにも問題がなかった。

選手は評価をされる立場だ。その評価に不満を抱いても仕方がない。二軍行きという判断は、まだ一軍では使えないということを意味する。納得はできていないけれど、受け入れてはいた。

ただ、降格の理由を聞いたときは、少なからぬショックを受けた。

「もう少しスピードを上げてほしい」

この日のストレート、135キロは確かに物足りない。スピードのアベレージを上げていかなければいけないことは事実だったと思う。ただ、僕自身、野球人生においてスピードを追求してマウンドに上がったことがない。これまでも書いてきたとおり、重要なことはバッターの反応なのだ。

スピードを上げる必要は理解できても、それが理由で二軍を言い渡されたことは、これまでの野球人生を全否定された気分だった。また、それをメディアを通して伝えられたことも悲しかった。

いま思えば、こういうふうに思う僕自身はだいぶ大人げない。

「明日から、よみうり（ジャイアンツ球場）だから迎えは来なくていいよ」

一軍に帯同する場合に備えて（その場合、翌日は新幹線移動のはずだった）送り迎えをお願いしていた澤井にそうＬＩＮＥを送ると、つい本音が出た。

「厳しいな。朝、早いわ……」

スピードを上げるトレーニング

翌日、４日前と同じように車で二軍の練習――、ジャイアンツ球場に向かっていた。朝6時に起き、体ひとつで車に乗り込む。ラジオをつけ、英語で放送される日本のチャンネルに合わせた。マシソンをはじめとした外国人選手と話せる二軍選手は少ない。できる限り、英語で会話ができるようにと思い、日本に復帰して以来、車中で英語の耳ならしをするのはお決まりになっていた。

世田谷通りを延々と走る。いつもどおりの道順を、いつもどおり「今日の練習をどうアレンジしようか」と考えていた。(球の)スピードを上げるためにどうすべきか、悔しいけれど考えなければいけない。

よみうりランドにあるジャイアンツ球場は、小高い山の上にある。道を上っていくと桜が満開だった。

この時期——プロ野球が開幕する直前の、ジャイアンツ球場はこうだった。久しぶりに、それを思い出した。


スピードを上げるために上半身のウエイトトレーニングを増やし、体幹トレーニングを加えて、走り込みも強度が高いものに取り組むようになった。ひざの負担を減らすために、4キロ減量して臨んだこのシーズンだったが、もう少し体重をつける必要も感じていた。ただ、トレーニングを変えたところで、すぐに結果が出るものではない。

二軍の登板日に関しては、三澤(興一)コーチと相談しながら決めていた。三澤さんはいつも僕を気にかけてくれていた。移動の負荷が多い遠征を免除してくれたり、登板日の希望を聞いてくれたりと、一軍に最高の状態で臨めるように考えてくれていた。

話し合いをしたうえで、次の登板は、3月30日に決まっていた。またロッテ戦だ。

その試合で僕はホームランを打たれる。1回を3安打2失点。スピードを意識することでフォームがばらばらになってしまう。結局、ボールに力が伝わらずバッターに打ちやすい球になっていた。

あかんな……。

「この状況が変わらなければ、引退かな」——単身赴任で誰もいない家に帰り、家族に電話をかけた。妻も一真も神妙に聞いていた。

心と体が一致しない。経験したことがない感覚。

そんな状況になり始めていた。

—2019年4月—

変えたルーティン

4月3日には44歳を迎えていた。

一軍のジャイアンツは攻撃陣の驚異的な得点力を武器に、投手陣も踏ん張り好調をキープしていた。結果的に4月を16勝9敗で終えている。

二軍で開幕を迎えた選手たちも、チャンスをもらい続々と一軍へと上がっていった。そんな中でも声が掛からない。腐らないように一歩一歩やるしかない。

この月の二軍の登板を挙げる。

二軍・4月7日　対楽天・ジャイアンツ球場　8回~1回0失点2奪三振
二軍・4月13日　対西武・西武第二球場　9回~1回0失点
二軍・4月17日　対横浜・ジャイアンツ球場　8回~1回0失点・2被安打
二軍・4月20日　対阪神・ジャイアンツ球場　8回~1回1失点・2被安打・3奪三振
二軍・4月23日　対ロッテ・ZOZOマリンスタジアム　8回~1回0失点・2被安打

確かに満足のいく結果を残せていなかった。

三澤さんからは「チャンスはあるから辛抱しよう」と言われていた。どうすればいいのか、何かを変えなければいけない、と思った。リスクを取らなければいけない。

スピードを上げるために、トレーニングを見直す。書いてきたとおり、ウエイトや体幹トレーニングの強度を上げた。これは一番、怖いことだった。それでも、それが「上司の命令」だったわけだから、いくら自分の考えとは違っても「やってみなければならない」と思っていた。

遠征についても車で行ける範囲であれば行くことにした。イースタン・リーグのチームの多くは、関東に集中している。バスの移動も多く、それはひざに負担がかかるため、なるべくジャイアンツ球場での登板に限定をさせてもらっていた。一軍になればもっと移動が多いのはわかっていたが、二軍でコンディションを悪化させては意味がない。それと「他でも投げたほうがアピールになる」という三澤さんのアドバイスを受けて、自分の車で移動できる場所で登板するようにした。13日の西武第二球場と23日のマリンスタジアムは、そのひとつだ（23日のマリンスタジアムの試合はなんと5時起きだった――）。

二軍戦も試合が終わるまで待つようにした。それまでは、登板がない日は自分の練習を終えると早上がりをさせてもらっていた。体調管理の一環だったが、それだけでは駄目だろうと思った。登板日や球場について希望を言える選手はなかなかいない。自分が若手だったら、いまの僕を見て「結果も出てないのに何を……」と思ったかもしれない。そんな姿が若い選手たちに良い影響を与えるだろうか。僕にとっては、一軍で結果を出すためのプロセスであっても、周りはそう見ないかもしれないわけだ。自問したうえで、せめてジャイアンツ球場で試合をするときくらいは、最後まで彼らのプレーを見ていこうと思った。すべては一軍で投げるため。結果を出すためだった。

二軍は経験を、一軍は結果を出す場所

――2019年5月――

二軍は「経験」をする場所である。一軍は「結果」を出す場所だ。裏を返せば、一軍は経験をする場所ではない。ただひたすら「結果」で判断されるべきなのだ。

それをこれまでの野球人生で体現してきた。

メジャーに行き、中継ぎ転向を言い渡されたとき、最初の役割は「便利屋」のようなポジションだった。大量失点、大量得点、勝っていようが負けていようが、とにかく言われたところで投げていく。悔しかったけれど、そこが与えられた場所なのだから仕方がない。

ではどうやってその立場を良くしていくか（補足しておくと、そういう役割を下に見ている、というような意味ではない。このあたりも後述する）。

結果を出すのだ。このときこだわったのは、とにかく0点、それも3人で1回を投げ終えること。それを積み重ねていくことで、先発失格を言い渡されたボルチモアで、セットアッパーやクローザーを任されるようになった。

ボストンでも同じだ。2013年に世界一になったとき、クローザーとして最後を締めさせてもらえたが、最初からクローザーだったわけではない。中継ぎとして結果を出し続けて、手にしたものだ。その年のクローザーとしては4人目の選択肢が僕だった。

そのために必要なのは我慢だった。評価してもらえるまで、我慢をして我慢をして結果を出し続け、いつか振り向いてもらう。

ただ、それをするにもチャンスがなければ「結果」は出せない。――シーズンも1カ月が過ぎ、だんだん心を保つことが難しくなり始めていた。

多くの選手が二軍から一軍へ上がっていく中、ピッチャー陣で一軍に行っていないのは、僕と若手のひとりだけ。一軍の中継ぎ事情は万全とは言えなかったし、長いシーズンの計算を立てる意味でも、早い段階で一度一軍に上がる、という選手は多くいた。

もちろん、二軍での結果をないがしろにしているわけではない。ここまで二軍で6回を投げて3失点。内容を見れば、課題があることはよくわかっている。

ますます、複雑な思いが僕の胸をかき乱した。二軍は一軍で結果を出すために経験をする場所だ。経験をし、一軍で結果を出すチャンスを得なければ、経験を生かすも殺すもない――。

僕の場合は、結果もスピードを上げるという課題もクリアできていなかったのだから、仕方がないという声が大半だろう。そのとおりだと思う。だからこそ、葛藤した。いまから145キロを投げることは現実的ではないし、僕のスタイルではない。それでも、ベースを上げなければいけない。140キロは出たな、と思う球が135キロだったりすると、どうしようもないもどかしさがあった。

一軍で試してみようとも思われない悔しさ。二軍でそれを見返すほどの数字を残せないふがいなさ。応援してくれるファン、そしてせっかく「大事な場面で使う」と言って、球団に進言してまで僕と再契約をしてくれた原監督、ジャイアンツへの申し訳なさ……。

僕の状態を不遇と見て、励ましてくれる人もいた。みんな決まって、「実績を考えても一回、一軍で使うべきだ」とか「シーズンも進めば必ず必要とされる時期が来る」とか、温かい言葉をかけてくれた。ありがたかった。でも、――ここまで書いていることと相反するようだが、それではプロではないのだ。評価は第三者がするもの。それに答えられない自分が悪い。わかってはいる、わかってはいるんだけど、心と体が一致しないのだ。

どこかで不遇と思っている自分がいたのかもしれない。だとしても一方で、それは二軍でのピッチングを評価すれば妥当だと思える自分もいたのだと思う。

二軍の試合でも、僕の名前がコールされれば歓声が上がった。「応援してます」「頑張ってください」そう言われるとふつうはうれしいものだ。それがこのときは重かった。期待にこたえられないこと。思うような投球ができないこと。姿を見せられないこと。「上原浩治」という名前に、戸惑っていた。

葛藤は心理的にぎりぎりのところまで来ていた。

心と体が一致しない――初めての「経験」。

5月、三澤コーチと相談して、初めて連投を志願した。そういうこともできる、という一軍へのアピールをするためである。

2日の西武戦そして翌3日のロッテ戦。

結果は、西武戦が1回を投げ2奪三振で0失点。マリーンズ戦は1回を投げて1失点。ホームランを打たれた（同級生で引退を表明している福浦和也との対戦は楽しかった。打ち取って、ベンチに戻る際、マウンド付近を通った福浦と小さくタッチをしたくらいだ）。このホームランは、先頭打者、それも左バッターにストレートを反対方向に打ち返された。まさか入るとは思わず、ボールがネットに当たるのを見たあと、思わず「風か？」と口に出た。いま、考えれば球に力がなかっただけだ。

この日を境に、ジャイアンツの二軍は遠征が続く。三澤コーチに伝えた。

「次回の登板、ちょっと時間をください」

心と体が一致しないまま

振り返ってきたように、僕のシーズンは11月から始まっている。

毎年、シーズンが終わり、1週間ほどの休みを挟んで、翌シーズンに向けたトレーニングを始める。トレーニングで想定するのは、1シーズン、チームに貢献するための体を作ること。開幕からシーズン終了まで、戦い抜くための土台を作っていくということだ（ポストシーズン以降は、気力の勝負という感覚だった）。

キャンプから数えて4カ月、そのほとんどを二軍で過ごした。開幕してすでに1カ月以上を経過していた。

「辛抱していればチャンスは来る。必ず声が掛かる」

「夏場に入って、中継ぎに疲れが出たときは間違いない」

そうした激励に対して、素直に受け止めることができなくなっていた。

1シーズン戦い抜くことを想定してやってきたのに、例えば7月に一軍に上がって、貢献できたとして、それで自分はうれしいのだろうか？　それは、自分の役割か？

自分が3、4年目の選手であればうれしいと思う。

じゃあ、21年目の選手は？

その間の自分、――いまの自分は、二軍で若い選手の「経験」する場を奪っているだけではないか――？

いま、俺は二軍で通用しているか？

スピードを上げられるか？

チームに必要とされているか？

一軍で貢献できるのか？

なんのために手術したんだ？


練習を終え、ジャイアンツ球場から帰宅する車中。

そんな思いが渦巻き続けていた。

メジャー時代から車中はその日を終える重要な役目がある。打たれた選手の名前を大声で叫んだことは何度もあった。ため込んだ感情をそのままにしておくことができない。だったら、大声で吐き出して「リセットしようとする」。そして、0時――日付が変わる瞬間には「NewDay」＝新しい日だ、とすべてを（それがいい結果であろうとも悪い結果だったとしても）忘れる。それが僕のやり方だった。

ただ、このときはリセットができなかった。


一軍の、あの張り詰めた空気の中で結果を出す自信はある。

バッターに速いと思わせることはできる。
チームに必要とされるピースになりたい。
一軍で貢献できる、しなければならない。
手術の影響は全然ない、去年の何倍も調子がいい。

ポジティブに思えるときもあれば、やっぱり二軍の結果がすべてだ、と後ろ向きになることもあった。
二軍で調整をし続け、その結果にも、現状にも、自分自身にも鬱憤《うっぷん》がたまっていた。いままでの野球人生でもなかったことだった。

この頃の想いを振り返るのは簡単ではない。
やりたい気持ちと、やれるという気持ち。
積み上げてきたものやプライド。
チャンスが欲しいという願望にも似た思い。
自分の中に湧き上がる思いはいつだって——自分にとっては——正解に思える。

でも一歩引いてみればわかる現実。

プロの世界で判断をくだすのは本人ではない。

第三者の評価が絶対であるという絶対的な真実。

できる、と思いながら第三者からの評価で辞めてきた選手はどれだけいただろうか。想像するだけで、何人も頭に浮かぶ顔があった。


もう辞めるべきだな。


悔しい思いを抑えきれないままスマートフォンを手にした。

呼び出し音が途切れ、つながった声はいつもどおりだった。

「原監督、突然すみません。辞めようと思います」

原さんの声は冷静だった。

「監督としては、残って欲しい」

そう言うと、少し申し訳なさそうに、でもはっきりと言い切った。

「そういう話を俺はできる立場にない。球団と話をして欲しい」

この瞬間が、本当に引退を決意したときだったと思う。

恥ずかしい話だけど、原さんに電話をしたとき、何かを期待している自分がいた。原さんなら、何か前向きになれる言葉をくれるのではないか。この心と体が一致しない初めての経験への答えをくれるかもしれない。期待していた言葉がどんなものだったのか、自分でもわからない。

まだやれる、もう少し我慢しろ、なのか。

甘えたこと言うな。最後まで戦え、なのか。

俺は戦力と考えているぞ、なのか……。

初めてストッパーを務めた2008年シーズン、その意図を熱く説明してくれたのも、「上原浩治に背番号なしのユニフォームを着せるべきではない」と球団を説得してくれたのも、引退を公言しようとしたとき「それは限界を決めることだ」という言葉をくれたのも、グラウンドでいつも声を掛けてくれたのも、オフにはゴルフに呼んでくれたのも、全部原さんだった。

自分を何度も救ってきてくれた原さんならば——そう甘えてしまったのかもしれない。

その原さんに、冷静に、言い方は悪いけれど突き放された瞬間、辞める決心がついた。

悔しかった。でも、どこかで終わった、後戻りできないところまできた、という戦い終えた感覚もあった。

2019年5月、ゴールデンウィークが明けた直後のことだった。

引退までのカウントダウン

そこからは粛々と日々が進んだ。

球団社長とチームマネージャーがやってきて、引退の日や手続きについて話をした。わざわざジャイアンツ球場まで足を運んでもらって申し訳なかった。ありがたい言葉ももらった。

シーズン終了までユニフォームを着て、若手の指導をしてもらえないか。

気持ちはうれしかったけれど、お断りをした。指導するのは、そのプロとして契約しているコーチの役割であり、その責任を負わない自分がするのは失礼だ。

引退の日は5月20日に決まった。

それまでできるだけ内密に、誰にも知られないでいたかった。社長とマネージャーはわざわざジャイアンツ球場に来てくれたが、それも遠征中のできる限り選手やスタッフがいないタイミングを見計らってくれた。

会見も断った。プロ野球選手が話題になるのは結果を出したときだけでいい。ずっとそう思い続けていた。引退、ましてやシーズン中に迷惑をかけることは避けたい。それに会見なんてしたら、泣いてしまいそうだと思った。

マネージャーは都合、二度、僕のためにジャイアンツ球場に足を運んでくれた。二度目の打ち合わせで、やっぱり会見をして欲しいということを言われた。自分が想像した引退とは違ったけれど、受け入れることにした。

引退。

ついに訪れることが決まったその日までの約1週間。しんどかったのは、誰にも気づかれないように、いつもどおり振舞うことだった。朝6時に起きて練習に行く。入念にアップをし、同じメニューを消化し、ケアをする。スピードを上げるために取り組み続けたウエイトトレーニングも続けた。唯一、家でやり続けた電気治療はしなくなった。

もう投げることもないのに、目標もないのになんのためにわざわざしんどいことをしているのか……。ちょっと笑える。

精神的にはすっきりはしていた。けれど、悔しい気持ちは変わらなかった。その理由は悩み続けた日々より輪郭がはっきりとしていた。自分ではまだできる、と信じていたし、やりたかった。

とはいえ後悔はなかった。

後悔というのは、自分がやらなければいけないことをしなかったときに生まれるものだと思っている。

あれをしておけば良かった。

あのときなぜ、これをしなかったのだろう。

そういった類いのものだ。

その意味で、やらなかったことはなかった。全部やった。できることは全部、やってみたし、やりきったのだ。

後悔と悔しさは同じようでもちょっと違うのかもしれない。

いつもどおりの練習をしながら5月20日へと時間は着実に進んでいた。

辞めることが決まって最初に伝えたのは、家族だった。

メールで伝えそのあと、国際電話で話をした。

野球よりアイスホッケーに熱中していた息子の一真は、そのアイスホッケーを辞めて野球をやることを決めたという。どうやら引退を決意する前、「辞めるかもしれない」と言ったあと「パパの夢は俺が引き継ぐ」と、言っていたらしい。ちょっと泣きながら。

それにしても、「Congratulations（コングラッチュレーション）」と言われるとは思わなかったけれど。

5月17日、引退まで3日と迫った日くらいからお世話になった人たちに——顔が思い浮かぶままに連絡をした。コーチである三澤さんや水野さん、木佐貫。水野さんは一軍にいるから会うことがほとんどなかったけれど、開幕のときから「絶対チャンスはあるから」と言ってくれていた。そして村田（真一）さん、斎藤（雅樹）さん、工藤（公康）さん、桑田（真澄）さん、松井（秀喜）さん、由伸などジャイアンツ時代に本当にお世話になった人たち。短い時間ではあったけど、ともに戦った仲間、澤村、智之、寛ちゃん、（山口）俊、マシソン。

戦ってきたライバル、稼頭央。

「まだやれるやろ。最後までやれよ」

（松坂）大輔。

「正直、さみしいです」

そしてイチローさん。

「お疲れさん。99年のオールスターのインパクトは忘れられないよ」

完璧なホームランを打たれたあの打席を、覚えてもらえていたことに言葉に詰まった。

スマートフォンのアドレスを眺めながら、順番にお礼を伝えていった。決めたことなのか？　本当に？　と驚く人が多かったけれど、誰もがねぎらいの言葉をかけてくれた。

選手ではなくても支えてくれた人たち。トレーナー、友だち、記者……、マネージメントをして、自主トレにも毎日付き合ってくれた澤井。

「20日、空けといてくれんか？」

「どうしたんですか？」

「引退する」

「――家、行ってもいいですか？」

夕方にやってきた澤井と、今後のことについて話し合った。20日の会見の手配やメディアへの対応は基本的にジャイアンツがやってくれていたけれど、それ以外の手伝いなどもある。最後に澤井が言った。

「泣きそうです」

なんでお前が泣くねん。

引退会見前日には、自主トレを一緒にしてきたライアンたちと食事に行った。本当に終わるんだな、と実感した。

嫌だった「引退会見」

5月20日。朝刊にはすでに僕の引退が報じられていた。

ブログやTwitterにたくさんのファンから「本当ですか?」「悲しいです」「お疲れさまでした」とさまざま声が届いていた。

ただ、正直に言えばちょっと不機嫌だった。ホテルニューオータニで、会見が始まるのを待ちながら、緊張していた。

やっぱり、引退会見はしたくなかった……。

メディアに自分のことを報道してもらうのは、結果を出したときだけでいい。そう言い続けてきて、このシーズン真っ只中のタイミングで、試合に関係のない僕の記事が出るのかと思うと恥ずかしい。言っていることとやってることが違いすぎた。

あと、どうしても泣きそうだった。

「会見場へお願いします」

スタッフに促されて会見場に足を踏み入れると、フラッシュが一斉にたかれた。礼をして、顔を上げた瞬間、21年前から取材をし続けてくれたメディアの人たちの顔を見て、一瞬で心が決壊していた。

席に着き、マイクを持つ。

「本日をもちまして、21年間の現役生活を終えたいなと思います。えー……」

もうこらえきれなかった。あふれる涙が止まらなかった。

この日の会見はこうだったようだ（質問に答えてはいたが、はっきりと覚えていない）。

「……これまで自分に関わってくれた方々、みんなに感謝したいと思います。ありがとうございました」

――いまの胸の内は

「もうちょっとやりたかったな、という思いです」

――心の中の変化は

「自分が決めた以上、ユニフォームを着ることはないわけですから、いまは気持ちを切り替えていかないといけないかなと思っています」

――決断のきっかけは

「もう今年で辞めることは最初から決めていたことなので。3カ月が僕の中では勝負と決めていたので、2月、3月、4月と練習していく中で、一度も一軍に上がることなく、二軍で試合を投げさせていただいていた中で、抑えていないという葛藤もありましたし、8月、9月になると、チームは首位争いという状況になってくる中で、自分がこういう会見をするのは違うと思ったので、もうそれだったら早く終わろうと」

――経験もあり、体は手術もした。ズレは

「手術させていただいて、体自体は投げられる状態ですけど、その状態の中で、二軍戦で通用していなかったというのが、気持ち的に後ろ向きになったのかなと。そう思っています」

――これまで後ろ向きになったことは

「それは何回かありましたけど、来年があるんであればもうちょっと頑張ろうと、今年1年やろうという気持ちになりましたけど、来年はもうないというのははじめから決めていましたから、やっぱり気持ちと体と、なかなか一致しなかったということですね」

――5月にイースタン・リーグ、ロッテ戦で同学年の福浦と対戦。きっかけのひとつに？

「そうですね、福浦と対戦できたのは僕の中ですごくうれしかったことですし、西武戦で（同学年の松井）稼頭央監督の目の前で投げられたのは僕の中でいい思い出といったらおかしいですけど、これでいいのかなという気持ちに少しなりましたね」

――プロ生活はどんな道のりだった

「ケガばっかりの、中途半端だったかなと思いますね」

――頑張りは支えてきた病気の子どもたち、あるいは苦境に立たされている方々へのメッセージだった

「手を抜いて投げたことはないですし、今年に限っても若い選手と一緒に練習しましたし、手を抜いて練習していたというのは自分の中では一切なかった。そういう姿を見て励みになってくれているんだったらうれしいですね」

――「100勝、100セーブ、100ホールド」を達成。自身にとって記録とは
「それに関して言えば中途半端かな、と。どのポジションでまっとうしたわけでもなく、中途半端に先発、中継ぎ、抑えとやっちゃったかな、という感じですね」
――次の人生は
「正直まだ何も考えてないです。明日からどうしようかなというぐらいですね」
――チームに対して
「いま首位争いをしている中でこんなことになってしまい、本当に申し訳ないなと思います。チームはいい感じできていると思うので、このままみんな頑張っていって欲しいなと思います」
――以前、野球人生の満足度をグラフに表した際は引退時をMAXとされていました
「悔しいですけど、自分が決めたことなので。いまがMAXですね」
――なぜいまがMAXか
「21年間も野球生活ができたということですね。それが感謝というか、本当に自分と一緒にやってくれた選手、コーチ、監督、周りに感謝しながらの21年間だったので。本当に野球にも感謝していますし、満足だけです」

――激しいハイタッチが印象的

「あれは、ジャイアンツに来てからは澤村をどついているだけだったんで。それができなくなるのはさびしいですけどね」

――一番うれしかったシーン、苦しかったシーンは何が思い浮かびますか

「うれしかったのはやっぱり優勝したときですから、日本でやっていたときは2002年のシーズンがうれしかったですし、アメリカで言えば2013年がすごくうれしかったですし。苦しかったのはアメリカに渡って1年目でひじをケガして、本当に野球ができなくなると思ったことですね。あの1年というか、そのケガをしたときが苦しかったですね」

――ビールは1日2缶までと節制してきたが、今後は

「どうなんですかね、ビールを3本、4本飲んでも大丈夫という気持ちになると思いますし、朝起きたときに、ひじが、肩が、ハム（ストリング）が、腰が、とか、もうそういうことを気にしなくていいんだなという感じになると思いますね」

――原動力は

「負けたくないという気持ち、反骨心ですね。もうそれだけです。現役中はね。明日からどうなるかわからないですけど」

――背番号「19」で引退

「去年終わってから、原さんがもう一回頑張ろうと言ってくれて、契約していただいて、（菅野）智之が背番号を18番に変えて、19番を空けてくれた気持ちというのは、感謝しています」

――支えになった言葉

「直接言われたというわけではないですけど、野村（克也）監督の書籍の中から本を読んでいく中で、いっぱいいい言葉がありましたからそれを思い出しながら、とか、桑田さん工藤さんという素晴らしい先輩方からの言葉もたくさんいただきましたし、村田（真一）さんからも我慢という言葉もいただきましたし、いろんな方からいい言葉をいただいたなと思っています」

――子どもたちにいま伝えられるメッセージ

「野球を好きになってほしいな、と。それだけですね」

――2006年WBC（ワールド・ベースボール・クラシック）の準決勝・韓国戦で、バッテリーを組んだ里崎（智也）氏が「野球人生で一番すごい球を投げていた」と話していました

「いまのサトの言葉にうれしい気持ちと、あのときは本当にみんなが帰る準備をしていたので、自分らの力ではもうトーナメントで上に行けないという状況の中で、アメリカが負けて日本にチャンスがきたという中で、予選も韓国に一回も勝ってなかったですけども、あの試合でまたみんなが気持ちを切り替えて、本当に一丸となって勝てた試合だったので。僕も人生の中でベスト3になるようなピッチングだったと思いますね」

――レッドソックスのジョン・ファレル監督の印象的な言葉は

「言われたことというより、会見の中で『浩治には第六感がある』と言ってくれたので、『何を言っているんだろう?』と、それをいまでも覚えていますね」

――配置転換を受け入れることができたのは

「中継ぎになったときに、当時の監督から『先発で使わない』ということははっきり言われたので。アメリカに行ったのはメジャーで投げたいという気持ちだけだったので、トリプルAで投げたいというのは一切なかったですから、素直に中継ぎでメジャーに残れるんだったらという気持ちで、受け入れることは簡単でしたね」

――プロ野球の監督に興味はないが、学生野球の監督はしてみたいと話していた

「プロ野球選手に対しては、全員がプロなので、正直教えることはあまりないと思います

し、だったらアマチュアで、自分が教えた選手たちがプロに入っていくという、そういう子たちを育てていきたいという気持ちはいまでもありますね。いまでも強く思う？　そこまで強くないですけど（笑）」

――速い投球のテンポや間合いはどのようにして可能になったのか

「よくそれは言われますけど、自分の中でテンポを速くしようとか、そういう意識は一切したことないので。もしかしたら高校時代、大学時代にずっとバッティングピッチャーをやっていたので、そのリズムのまま試合でも投げていたんじゃないかと思いますね」

――後輩に託したいこと

「今年はずっと二軍選手とキャンプからやってきた。若い選手が多かったですから、若い選手には1日でも早く一軍に上がれるように頑張って欲しいなと、そう思います」

――近くで支えていた家族の存在

「一番近いようで、一番遠かったですね。アメリカと日本だったので。本当に迷惑かけたなと思います。9年間単身になってしまいましたから、子育ても一切していないですし。嫁には感謝しています」

――家族にいつ伝えた

「いつとは覚えていないが、結構前から、そろそろかなという話は言っていました。1週間前くらいですかね。お疲れさまでしたと言われましたよ、奥さんから。子どもは半分アメリカ人が入っているような感じで、Congratulations!　と言われましたから」

――巨人で終えるということ

「巨人に戻ってくるということは正直考えていなかったので、そういう状況で自分を取ってくれた鹿取さん、由伸には感謝していますし、こういう場を設けてくれた球団には感謝しています」

――同学年のライバルたちにはどう報告を

「新聞に出る前に電話とＬＩＮＥで伝えていましたし、由伸は『おつかれさん』、稼頭央は『最後までやれ』って言ってくれましたけど、僕の中では決めたことだったので、そう返したら『おつかれさん』と言ってくれました」

メディアとのやり取りは苦手だった。好きではなかった。

特に、スポーツ紙やウェブメディアといった活字メディアでは、本当に伝えたいことが伝わらない、と思うことが多かった。テレビのように表情があれば、言葉だけではない顔やしぐさ、声などでも思いを読み取ってもらえる。そんなふうに思っていた。だからつっけんどんに答えたこともあったと思う。

でも、入団以来ずっと、そんな面倒くさい僕の話を聞き続けてくれた記者の姿を見て、改めて感謝の想いしかなかった。

ブログやツイッターなどを通じてもらったファンの声も本当にありがたかった。一軍のマウンドに立ち、チームを勝利に導く姿を見せることができなかったことが申し訳なく、やっぱり悔しい――。まだそんな思いも湧き起こってきていた。

引退した翌日からは怒濤《どとう》の挨拶回り、テレビ出演だった。これまでサポートをしてくれてきた方々へ、直接引退を報告させてもらったり、交流のあった番組で思いを語らせてもらった。泣いてしまうこともあって……、何回、泣くねん、と自分でも呆れた。泣き疲れてちょっと恥ずかしかった。

会見でも触れさせてもらった、尊敬する野村克也さんには、事前に電話で報告をさせてもらっていた。その後、実際にお会いさせてもらったのはテレビ番組で、ありがたい言葉もいただいた。

ドラフト外から入団され、キャッチャーで初の三冠王、歴代2位の657ホームラン、試合出場数など選手として数々の記録を打ち立てた一方で、監督としても1565勝、3度の日本一を達成した名将だ。その実績に比べて、長嶋茂雄さんのようなジャイアンツのスターより注目度は低かった。ご自身を「月見草」と称されたのは有名な話だ。

そんな野村さんは、「俺と共通点があるんだよ。雑草と、月見草だ」と、おっしゃってくれた。

「陽が当たらないところで育った私たちだからこそ、いまがあるのかもしれないな」と。

尊敬し、著書もたくさん読んできた野村さんにそう言ってもらえたことは、何よりの栄誉だったと言える。

5月23日。東京ドームに行き、原監督やチームメイトに挨拶をした。書いてきたとおり、原さんには感謝の言葉しかなかった。DeNAにも顔を出すと、(三浦)大輔さんとジャイアンツ時代にチームメイトだったラミレス監督が迎えてくれた。また泣いてしまった。

5月25日。5日ぶりにジャイアンツ球場へ行った。引退発表から5日。ユニフォームもグローブも持たず、その日のトレーニングのことを考えることもなくここに向かうのは初めてだった。

合同自主トレに始まり、約4カ月。ともに一軍で結果を出すことだけを目標にしてきた同士だ。歳が離れていても、目指しているところは一緒だった。

突然のことで迷惑をかけたことを謝り、少しでも早く一軍に上がってほしいと伝えた。何があっても、一軍で結果を出す、そこへのこだわりは忘れないで欲しかった。

胴上げと、電光掲示板に「上原さん21年間お疲れ様でした！　Congratulations!　読売巨人軍一同」の文字が映し出されていたのにはびっくりした。どうやら21年にちなんで21回胴上げをしてくれようとしていたようだけど……怖くて13回でやめてもらった。球場をあとにする際には、「Sandstorm」が流れていた。僕がマウンドに上がるときかかっていた「登場曲」だった。畠（世周）、みんなありがとう。

シーズン中にもかかわらず智之や俊が時間を作ってくれ、食事会を開いてくれたり、村田さん、由伸と3人で食事に行ったり……バタバタした日々を終え、6月3日に家族のいるアメリカへと帰った。

シーズン中に家族のもとへ帰る。僕の、プロ野球人生の終わりだった。

「同級生」対談 *1*

×松井稼頭央

「1年の中でもっとも きつかったのはいつも……」

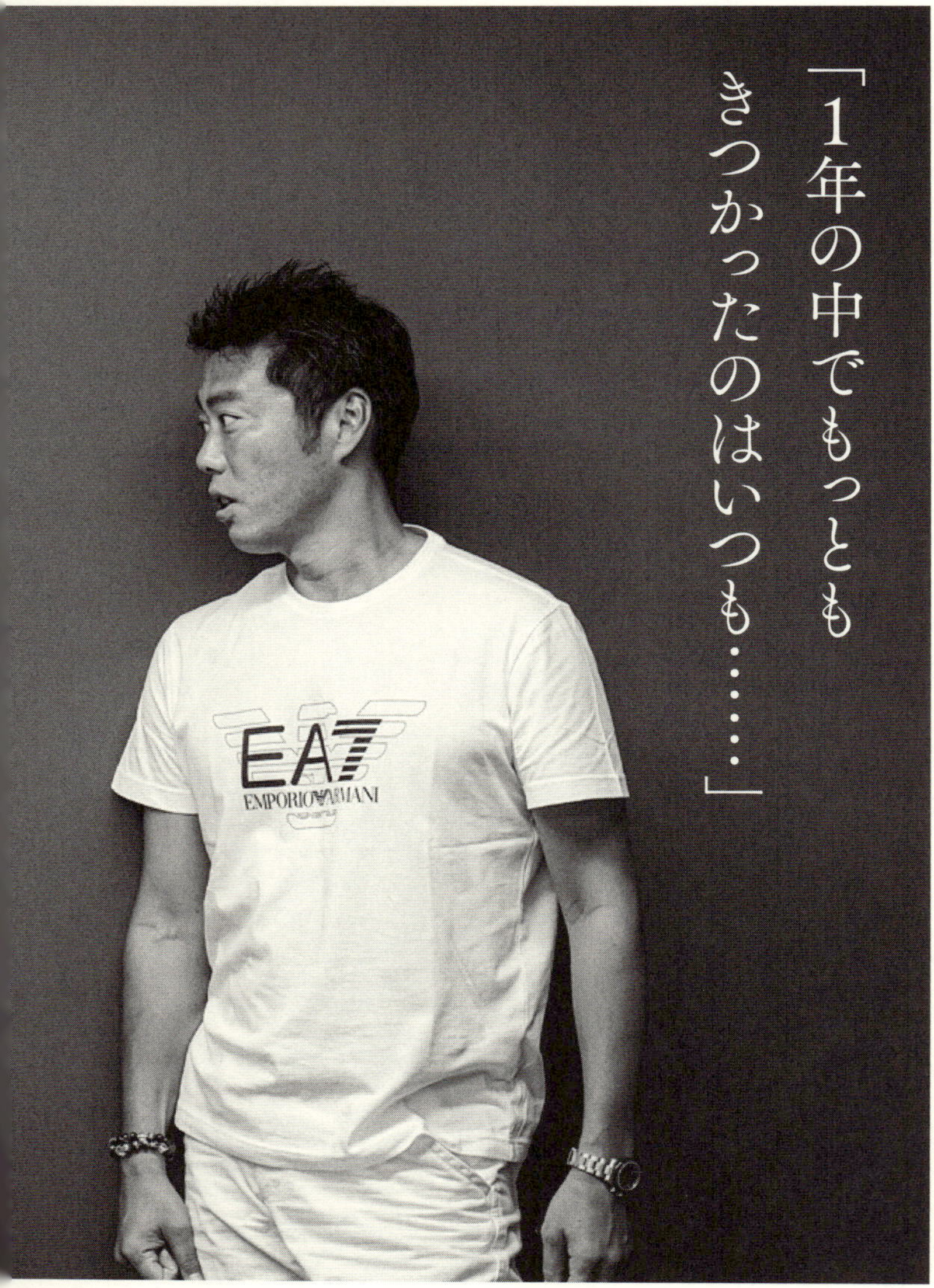

松井稼頭央　Kazuo Matsui

1975年10月23日。大阪府生まれ。現・埼玉西武ライオンズ二軍監督。PL学園ではピッチャーとしてプレーし、1993年ドラフト3位で西武ライオンズに野手として入団。スイッチヒッターに転向し、2年目から一軍で活躍。トリプルスリーを達成するなど走攻守にわたり西武ライオンズをけん引。2003年には日本人初めての内野手としてメジャーリーグ・ニューヨーク・メッツに入団。開幕となるデビュー戦では初球先頭打者ホームランを放つなど活躍。ロッキーズ、アストロズを渡り歩き、2011年からは東北楽天ゴールデンイーグルスでプレー。2018年に西武に復帰し、その年に引退した。

×松井稼頭央

高校2年生の頃だったか、それとも1年生だったか。東海大仰星高校の野球部に所属していた僕は、大阪府大会で、野球の超名門高校・PL学園と対決し、そこでプレーする同級生の存在を知った。

「松井稼頭央」（当時は、名前の漢字が違ったけれど）――。マウンドで躍動する姿を僕は、制服姿でスタンドから眺めていた。嫉妬するとか、そういうレベルじゃない。単純に「すげぇなぁ」くらいのイメージでしかなかった。まだ、この頃の僕は、野球に対してそこまで強い思いを抱いていなかった。

数年後、初めてマウンドから稼頭央を見た。入団1年目の1999年、オールスターゲームのことである。その頃からお互いに話をするようになり、メジャーにプレーの場を移してからは、自主トレをするグラウンドが同じだったこともあり、お互いの自主トレを手伝ってくれるメンバー同士で、食事をするようになっていた。

稼頭央ほど、すごい日本人ショートを見たことがないし、その能力や実績に疑いを抱くものは誰もいないだろう。でも、稼頭央のすごさはそれだけではないと思う。

この対談で、それを感じ取ってもらえたらと思う。

初めてバッターボックスに入って見た衝撃

上原浩治（以下・上原） 初めて話をしたのは……プロに入ってからかな？

松井稼頭央（以下・松井） そうだね。初めてのオールスターが1999年、あれ、西武ドーム（現メットライフドーム）だったよな。

上原 西武ドーム。あのとき初めて話したのかな……。

松井 いまみたいに交流戦がないから、話す機会ってオールスターくらいしかないからね。でも、会話の入りは記憶がある。上原がPLの試合を観に来ていたっていう話。

上原 そう、稼頭央を初めて見たのは、俺が制服を着て応援しているときに、稼頭央がユニフォームを着てプレーをしていた、PLと（母校・仰星）の試合。

松井 そう言ってたなあ。俺が上原を知ったのは、大学生ですごいピッチャーがいる、っていう報道だった。

上原 それで、オールスターで対戦か。

松井 びっくりしたよ。これはお世辞でもなんでもなく、いままで対戦したピッチャーで一番速かった。ストレートってわかっていても当たらなかったもん。そのあとだっけ？イチローさんがホームラン打ったの。

上原 そう。

松井 俺、三球三振で当たりもしなくて。なのにイチローさんホームランって……、「すっげー」って思って。

上原 あれはバックスクリーンに完璧に打たれた。

松井 はははは。でも本当に速くて。テイクバックが小さかったんで、ボールが急にバンって出てくる感覚。バッターは、テイクバックで腕が見えているとタイミングが取りやすいんだけど、上原の場合は、その腕が見えにくい。昔だったらオリックスの星野（伸之）さんみたいなイメージだよね。128キロくらいのストレートだけど、140キロに感じてた。で、上原と対戦してみて、あのとき148キロくらい出てた？

上原 145、6かな？

松井 やろ。128キロが140キロくらいに感じるのに、それよりベースが速いから、それはもう……当時、150キロってまだ体感をしたことがなかったけど、それ以上に感じたよね。本当に速かった。

上原　なんか、褒められすぎて気持ち悪い（笑）。

松井　あんまり褒めんもんな（笑）。自主トレも一緒の場所でやっていたでしょ。そのときもブルペンとか、グラウンドでキャッチャーを座らせて投げているのを後ろで見てたけどさ、それだけで怖かったもん。近くから投げてるように感じるくらいね。キャッチャーよく捕ってるな、って思った。

上原　あいつ（キャッチャー）、めちゃくちゃ簡単に捕ってるけどな（笑）。

松井　それであのフォークがあるわけでしょう。打てないと思ったから、次のオールスターのときは真っすぐだけお願いしたよな（笑）。

上原　そう、2003年のオールスターね。8球連続でストレート。ファールで粘るから、マウンドから「前に飛ばせ」って叫んだ。

松井　いやいや、前に飛ばしているつもりなの。それでも飛ばないんだから。

――他のピッチャーであれば前に飛ぶタイミングで振り出している。

松井　飛んでます、飛んでます。真っすぐだけって言ってくれてるわけですから、気持ちは捉えてるんですよ。

（その映像を見ながら）

上原　142キロしか出てない。……またファール？　ほらタイミング合ってきた。ずるいわ……！

松井　ふふふふ。でも、このくらい球数がないと合わないんだよ。真剣勝負だったらもう三振でしょう、フォーク投げられたら、終わっている。

上原　互角やろ。

松井　全然、互角じゃない。

（8球目、完璧にストレートを捉えてライトスタンドへ弾丸ライナーのホームラン）

上原　だあ！（笑）まあ、綺麗《きれい》に飛んでいった。

松井　本当にありがとうございます（笑）。これで俺、なんか賞をもらったよな。

上原　洗濯機だったかな。真面目に、ちょうど俺が洗濯機、欲しかったときだよ（笑）。全部、真っすぐにさせてもらったから、（キャッチャーの）矢野（燿大）さんに謝った。

松井　俺だけいい思いしてるな、洗濯機ももらって（笑）。

日本シリーズ、見つけていた上原浩治の「癖」

上原　真剣勝負は1回だけだよね、この年の日本シリーズ。稼頭央が先頭バッターで初球、いきなりヒットを打たれた。

松井　もう初球しかチャンスはないと思ってるもん。真っすぐだと思ってたし。

上原　いきなり打たれたからヤバいと思った。俺もチームも、シリーズ前からまず稼頭央を抑えることをポイントにしていて。ランナーに出したら絶対に走られるでしょう、だから気を付けようってミーティングでも言われてたのに、初回の初球いきなりセンター前ヒットだからね。

松井　外角のストレートをひっかけてね。

上原　あのあと、2番バッターが送りバントを失敗したんだよね。

松井　そう、小関（竜也）が失敗した。

上原　あれで流れがちょっとこっちに来たな。

松井　結局、完投されたからね。このとき、シリーズ前から上原の癖を探し続けてたの、映像を見て。なんとか塁に出て、足を使って行くしかないと思っていたから。そしたらあったんだよ、本当に小さいけど癖が。

上原　へえー。

松井 でも、グラウンドに入るとわからない。癖はあるんだけど、本当に細かいレベルで、足がちょっと内に入ったらけん制球はない、とかそういう感じ。映像ではアップにできるからわかるけど、肉眼で見るとなかなかわからない。

上原 映像とは見ている角度も違うしね。

松井 そうそう。

上原 癖はコーチとかから言われていた。実際、赤星（憲広／元阪神タイガース）は俺の癖を完全に理解していて、めちゃくちゃ走られた。でも、自分であまり直そうと思うタイプではなかったんだけど……。

――それは……そういう選手について、松井さんは監督の立場になられてどうですか。

松井 いいんじゃないですか。

上原 ははは。

松井 だって抑えるんですもん。変なことに気を使ってバランスを崩すより、自分の好きな球を投げて、そこで0にすればいいわけであって。

上原 キャッチャーが肩のいい（阿部）慎之助だったから、俺はクイックするくらいで、あとは任せてましたね。

自主トレで見たお互いの知られざる姿

上原　監督はどうなの？

松井　ピッチャーの指導は難しい。俺自身、ピッチャーの経験は高校までだから、そのレベルでプロまで来た選手たちを見れるかと言えば……例えば、メカニック的なところもわからない。言えるとしたらバッター心理的なことだよね。

上原　バッターの心理な。俺らピッチャーもそれがわからないと厳しい。もちろん結局はわからないんだけど、そのあたりは経験が大きいよね。1年目なんてまったくわからないから大変だった。

松井　いや、それで20勝はすごいで……。

上原　みんなそう言ってくれるけど、俺としては4年目の17勝のほうが断然うれしい。3年間投げてきて、それなりに相手チームにも知られている中でそれだけ勝てて、日本シリーズでも勝てたわけやから。

——松井さんの一番うれしいシーズンはどこですか。

松井 僕はケガなくできたら、いいシーズンだったと思っていますね。
上原 ケガなあ。お互いそうやねん、ケガが……。
松井 ケガさえなければある程度は打てるっていう自信があったしな。
——そう言えるくらい練習量も多かったですね、おふたりは。
上原 稼頭央の練習は異常だと思いますね。ピッチャーは野手ほどすることがないから。
松井 いやいや、上原はピッチャーなのに、年々走る量が増えてたんですよ。まだ走るん？って見ていた。
上原 走るのは基本だからね。
松井 刺激を受けたよね。俺は野手だから、できればもっと長い時間、練習をしたかった。でもグラウンドを借りてやっていたから、その都合で長くはできない。その中で上原はずーっと、走ってる。ずっと淡々とトレーニングをしてる。
上原 俺の場合は、その自主トレの時間だけだからね。稼頭央は、俺らより朝も早いし、終わってからはジムに行ったりしていた。
——自主トレをあそこまで長くやる人は見たことがないです。
松井 シーズンでユニフォームを着ている時間って意外と長いんですよ。ナイターの試合の日だとすれば、14時の練習から試合が終わるまでの8時間くらいユニフォームを着ている。自主トレもそれに合わせて8時間はグラウンドにいないといけないと思っていました。まず、シーズンに慣れるために、と思っていたんです。

上原　なるほど、基準がシーズンか。

松井　長くするには、長いことグラウンド、球場にいることもひとつ大切だからね。別にそこでダラダラしていてもいい、ゆっくりメニューをこなしてもいい、くらいの気持ちで、なんとかグラウンドに長くいようって（笑）。

――ぎゅっと集中したい上原さんとは逆。

上原　俺は、（淡々とメニューをこなして）午前中で終わって、昼からの時間を使いたい。やっぱりオフなのに一日ね、野球だけだとちょっともったいないなと思って（笑）。

松井　でもリハビリとかするやん。

上原　そうなんだよね。結局、治療とかをしていたら終わるのが夕方の4～5時とかになっちゃう。昼からの時間といっても晩飯食うぐらいしかできひんかったよね。若いやつらが飲みに行くって聞いて、羨ましいけど。

松井　飲みに行く元気がない（笑）。

上原　そう（笑）。

――ふたりとも、練習をしすぎて元気がないのでは。

上原　いや、それくらいしないとやっぱり駄目だと思います。

――比例しますか、結果と量は。

上原　比例すると思うよ。

――あまり合理的ではない気もします。

松井・上原　合理的って……。

松井　無駄なことをしてナンボだと思ってやってきたので。合理的に……って言われると、なんて言うんですかね。わかるんですけど難しいです。

――データなどをもとに、効率的なトレーニングもわかってきています。

松井　それはそれで大事だと思います。

上原　でも、それが唯一の正解ではない。だったらみんなそういうトレーニングをするでしょう。

松井　みんな成功しちゃうわけですよね。

上原　合理的なトレーニングが正解であるならば、全員そのトレーニングをする。でも全員、結果が出るわけではないのが野球で。僕は、野球には正解がないから、「シーズンが終わって一番結果を出したやつが正解」だと思っている。オフにまったく練習をしなくても、シーズンが終わってヒットを一番打っていたら、そいつがその年の正解なんですよ。

松井 そうやね。

上原 でもそうやって練習しないで出した結果は、長続きしないよ。

松井 そう思うなあ……。

自主性を重んじることの功罪

松井 もう全然、投げてないの？

上原 肩が痛くて投げられん（笑）。女の子投げになってるもん。

松井 ええー、ははは。子どものほうが投げられるか。

上原 これは本当。緊張の糸がもう完全にぶちッと切れたから。

松井 そうやね……。もう本当に野球をするためにトレーニングしてきたんやなって思う。

上原 そうそう。いまはもうしなくていいわけやから。別に勝負するわけじゃないから、トレーニングをしても、やめたいときにやめれる。もはや、あの自主トレをもう一度しようとは思わない。

松井　(引退して) やっと、解放されたと思ったよね……心から。

上原　本当にそうよ。

——しんどいことをして、得られるものがあった。指導をする立場ではどうでしょう。

上原　いい悪いではなく、時代が変わってるよ、本当に。

松井　しんどいことって言っていいのかわかんないですけど。現役の中で、自主トレが一番しんどかったんで。

上原　そう、自主トレが一番しんどい。あれに比べたらシーズンがどんだけ楽かって。

松井　そうね、楽というかチームにメニューがあるから、それをこなして、終わってから自分の好きなトレーニングをやればいいわけで。うち(埼玉西武ライオンズの二軍)も練習量を増やすことを考えなければいけないかな、と思ってるんよ。

上原　なんで?

松井　リーグで一番得点数が低いから。

上原　ははは。昨年より練習量、増やしたの?

松井　いや、基本的には昨年と同じくらい。まずは選手の特徴や野球観を見ていくようにしていた。でも、それで結果が出てないわけだから、振っていくしかないかな、とも感じるよね。実際、一軍の選手のほうが練習をやっている。だったら、それ以上やっぱりやらなきゃだめだな、とも思うから。

上原　量をこなすって、無駄なことに思えるかもしれないけど、それで得られるものはあるんだよね。いろいろなやり方があっていいけど、それ自体を否定すべきではないと思う。若い選手の練習量は確かに少ないよね。

松井　うん。ずっとやっている選手もいるけどね。考えてやっているのかな、とは感じるときがある。

上原　自主トレやってるやろ、彼らの年齢で自分がやっていた量と同じ量をやってもらおうとすると、ばてるのが早い。

松井　はははは。

上原　ただ自分のやり方が正しいとはいえないから。そこが難しいよね。

松井　そう、自分たちの方法を伝えても結果が出るわけじゃない。そこは本当に難しい。結局は、本人がどう思うか、感じるかだとは思う。

上原　そうね。

松井　ただ、俺らのときはやらされ、やらされ、やらされ続けてきて、そのおかげである程度の土台ができたとは思える。そのうえで結果が出て、レギュラーを取った。そこから自分で練習、という流れだったでしょ。土台があるから、自分で練習をやっても、「これくらいの練習はしないといけないな」っていうのがわかったんだと思うんだよね。

――なるほど、追い込みの上限がわかっていた。

松井　そうなんですね。その点で、いまは自主性が重んじられるので、やり方がわからないとか、どこまで追い込んでいいのかがわからない、みたいなところもあるのかな、とは感じていますね。

――やらされることで土台が作れた。

上原　そういう一面もあるってこと。自分を知ることができるわけやからね。その方法はいくつもある。個人的には、練習量はある程度必要だと思う。稼頭央みたいに長く一線でやりたいなら。

松井　うん。でも、いやあ……これは本当に難しい。

上原　正解はないもんなあ。

お互いの未来をどう描くか

――2019年シーズン、上原さんがマウンドで、松井さんがベンチで指揮を執るというシーンもありました（4月13日・西武ライオンズ対読売ジャイアンツ）。

上原 あれは不思議な感覚だった。俺がマウンド、稼頭央はベンチで指揮を執っている。

松井 あれ西武第二球場やんな？

上原 そうよ、行ったよ。俺、試合前に「行くからな」ってメールしたんだっけ？

松井 そうそう。メール見て、「いや、嘘でしょ？」って思った。「わざわざ所沢まで来んの？」って。

上原 はははは。

松井 ジャイアンツ球場でええやん、って思ったんだけど、マウンドに上がる姿見たら、打席に立ちたくなって（笑）。

上原 立って欲しかったわー。

松井 やっぱり同級生がまだやっているっていうのがうれしいんよ。（同じく同級生の）

福浦（和也）と対戦しているシーンを映像で見たけど、「うわ、あの対決見ていたかった」って思ったし、「打ちたい」って思ったよね。

上原 全然、スピード出ないけどな（笑）。

松井 いや、そうやって言うけど、自主トレを休むことなくやって、リハビリをしているのをずっと見ているからね。あんなしんどいことを耐えるくらいの気持ちを持って、マウンドに立っているのを知っているから、ベンチから見ていてもやっぱりその熱い気持ちが伝わるんよ。

上原 ただ、所沢はちょっと遠いわ（笑）。

松井 ははは。だから、ジャイアンツ球場で良かったやん。

——その後、1カ月で引退をされました。

松井 びっくりしましたよ。発表前に連絡をもらったんですけど、シーズンの最後までやるんだろうと思っていて。

上原 違う、終わり。

松井 助っ人やん！　って思ったもん。

上原 ははは。

松井　連絡をもらったとき、「このシーズンを最後までやって引退する」ってことだと思ったの。だからまだ一軍で投げるところが見られるな、って思っていたら、「終わり」って言うから。「え、引退セレモニーは？」「最後投げないの？」って思うでしょ、ふつう。何を考えてんだろう、って（笑）。

上原　なんもないよ（笑）。わざと三振、みたいな引退試合はやりたくなかったし、本当は引退会見もしたくなかったからね。球団にも言ったんだよ、「このまま消えさせてください」って。

松井　そういうわけにはいかんな（笑）。

上原　そうそう、そう言われた（笑）。まあ、なかなかこういう辞め方する人はいないよね。

松井　おらんよねえ。よくまた球団もそれをＯＫしてくれたよ。19番まで着けて。

上原　みなさん、申し訳ありません！

松井　逆にこの引き際、すごいなと思ったけどね。俺なんて、まだしたいと思っていたくらいだから。

上原　それはしたいって気持ちはあったよ。いまでもしたい！　ただね、っていう現実ね。

松井　これからどうするん？

上原　自由人として生きていきますよ。
松井　野球界の野沢直子さんみたいやな。
上原　例えが、古いわ……。
松井　自由人とか言っているけど、日本とアメリカでこれだけのプレーをしてきてね、故障とも戦ってきた。そんな経験をしている人って少ないんやから。選手を育てて欲しいとは思うよ。でも本人がこれだからな……いや、ほんまにどうなんねんやろ。
上原　俺もわからん（笑）。
――解説とかはどうでしょう。
松井　うわ、厳しそう!!　ズバーンって言いそうやね（笑）。
上原　ははは。ただ、解説って結果論やから、あんまりそこはね。答えが出てることをしゃべるっていうのは好みじゃないな。
松井　じゃあ新しい解説ね。全部、先に先に予測していくっていう。
上原　そうすべきやと思うんだけどね。まあ、数年後、松井監督がライオンズの一軍で胴上げされている姿を見届けますよ。
松井　どこで見んの。アメリカか（笑）？

上原　動画配信で観れるでしょう(笑)。

松井　でも、上原監督、見てみたいですよね。

——想像として。松井稼頭央監督がスタッフとして上原さんを招聘するのはどうでしょう。

松井　いや、これほど心強いことはないですよ。先発から抑えまですべて経験しているわけじゃないですか。もう監督は何もしなくていいじゃないですか。でも、絶対来ないでしょ。まず「所沢、遠いわ」って言いそう。

上原　実際、遠いんよ。西武はもっと近くにも球場を作らないのかな(笑)？

松井　大宮あたりやったら上原も来てくれるんちゃうかな……。

上原　ははは。

松井　毎日、俺が送り迎えします。

上原　それはあかん！　それはない(笑)。

松井　いやそれは冗談として、やっぱりピッチングコーチの枠には収まらない未来を見たいですよね。

上原　頑張ります。まずは、稼頭央が育てた選手を見るのを楽しみにしたいですね。

【自主トレの一日】

8時25分 － 都内某所のトレーニングルーム入り

8時50分 － ストレッチや肩周りの補強。45分かけてアップ。
体の調子を見て調整する

9時35分 － グラウンドへ。
グローブ、ボール、アメフトボール、
ブーメラン、水2本

9時43分 － ブーメラン走。
アメリカンノックのようなやり取り。
120M×6往復

10時 － スパイクに履き替えダッシュ。
アメフトボールを使った
キャッチボール

10時10分 － キャッチボール。
この日は90Mが最長、
60M、50M、40Mと縮める

10時30分 － そのまま20Mでピッチング。
ストレート、フォーク、
カットなど40球

11時00分 － トレーニングルームへ。
ウエイト、
体幹トレーニングなどを行う

12時過ぎ － ストレッチをし、
バイクを
ゆっくり漕いで終了

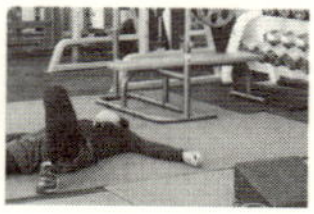

CHAPTER.2

第2章

遅いストレートを打たせない
～正解がない中で、やってきたこと～

ここまで引退という決心に至るまでを綴ってきた。

日本のプロ野球界で約12年、メジャーリーグで9年を過ごした上原浩治というピッチャーが、最後の数年で考えたことや湧いてきた感情、取った行動が、なんとなくわかってもらえただろうか。

現役であるということは、選手にさまざまなものを背負わせる。

うまくなりたい、結果を出したい、もっと練習せねばという強い思い。

プロとして戦っているというプライド。

最終的には自分がすべての責任を取らなければいけないという事実。

結果をコントロールできない葛藤……。

それが大きな力になることもあるし、自分の成長の足を引っ張ってしまうこともあった。

それを、引退して感じている。

ここからは、僕なりに思う野球や日本野球界への考え方を提示していきたい。

特に日本野球界は分岐点を迎えている。

例えば、若い選手たちと僕らの世代は、明らかに違う価値観を持ち、でも同じプロ選手として戦っている。どうすれば、うまくなれるのか。チームが勝てるのか。その思いは同じでも、やり方が違うのだ。こうした現実が、球数や指導法について、議論を招いている一面があるのではないだろうか。

僕は、こと野球というスポーツにおいて絶対的な正解は存在しないと思っている（もしそれがあるとすれば、そのシーズンもっとも結果を出した人の方法こそが、そのときの「正解」だろう）。

第1章で、いちアスリートのリアルな感情を知ってもらえたと思う。

そうしたことを踏まえ第2章では、「背負っていた現役時代」の考え方に、「引退」して改めてどう思うのか――、特にピッチングについて書いてみたいと思う。球速もなく、高校時代は正真正銘の補欠で、無名の大学に入った僕のやってきたことが、「正解がない野球」についての議論の一助になれば幸いだ。

数字で勝負しない、という方法

ピッチングにおいて数字はどのくらい重要だろうか。

第1章で引退までを振り返ったとき、何度も「球速」について書いた。くどかったかもしれないが、僕自身の野球人生で、そのくらい「球速」について考えることは多かった。

球速で勝負しない。

それが僕のスタイルだったのだ。

メジャーでも僕のストレートは「遅い」と指摘され続け、ついにはなぜあんなに遅いのに打たれないのか？　ということが話題になったりもした。

その理由をデータ的に解析した記事なども目にしたことがあるが、実際のところ僕が意識していたのは、「球速で勝負はしないけど、バッターに速いと感じさせる」ということだった。

その点で言えば、引退を決めた最後の年は、スピードガンだけではなく、バッターに速いと感じさせることができていなかったから、「スピードがない」という指摘は、当然だったといまになって思える。１４０キロくらいは出たかな、と思ったら１３５キロしか出ていない、ということが何度もあっただけでなく、初めて対戦するバッターにいとも簡単に打ち返された。それはつまり、バッターが僕のボールを脅威と感じていない証拠だった。

ただ、この「数字ではない、相手（バッター）の感覚」については、どこか野球界全体で軽視されている傾向にあると思う(というより、数字が重視されすぎている、と言えるのかもしれない)。

ピッチャーにおける数字は球速以外にもあって、球種もそのひとつだ。何種類もの球種があることは、確かにピッチャーにとってアドバンテージだと思う。しかし、だからと言って勝てるわけではない(僕の球種が基本的にストレートとフォークの2種類だったことは書いてきたとおりだ)。

幸か不幸か「数字(球速や球種)」で勝負できなかった僕は、バッターがどう感じるか、ということを常に想像しながらピッチングをしていた。「相手(=バッター)」の存在こそが大事だったわけだ。

つまり、いくらスピード表示が速くとも、「相手」がそれを感じていなかったら意味がないし、何種類も球種があっても「相手」にわかっていれば意味がない。鋭く曲がる変化球、それも「相手」がそう思わなければ、役に立たない。

数字にとらわれると、こうした「相手」がおろそかになっていく。みんなが数字を目指すようになり、同じようなタイプの選手が増えていってしまう。

「相手=バッター」がどう感じるか。

これはピッチャーにおけるすべてに共通することだ。

僕の長所として言われたテンポが速いことも、メンタルも同じだ。「相手」が打ちやすいテンポであれば、それはストロングポイントにならないし、メンタルで負けてたまるかと思って投げた球がただ力んでいるだけでは駄目だ。

相手にとって打ちにくいテンポ。それが僕の場合、人より速かった。

絶対に打たれてたまるかというメンタリティ。相手に勝つために必要な勇気としてそれが必要だった。

バッターがいて、ピッチャーがいる。

この視点があれば、数字で勝負できない選手たちもまだまだ伸びしろがあると思っている。

「危ない」球をバッターが打てない理由

ひとつ、実際のピッチングを例に紹介してみる。

クローザーとして戦っていた、2013年シーズン、ア・リーグ優勝決定戦の第5戦のことだ。対するは、もっとも苦手なデトロイト・タイガース。2勝2敗で勝ったほうがワールドシリーズ進出に王手をかけるという大一番である（結果的にこのシリーズを制し、ワールドシリーズ制覇も果たした僕は、地区シリーズMVPも受賞させてもらっている。これはうれしかった）。

この試合、4対3と1点リードをしている8回1アウトの場面でマウンドに上がった。僕の場所は「抑え」だったから、いわゆる「回またぎ」というやつだ。実にこのシーズン80試合目の登板で、心身ともに極限状態だった。

補足すると、このシーズンは自分でも「実力以上のものが出た」と思えた、最高の1年である。ただ、その平均球速は（142キロ）メジャーリーグの平均（148キロ／2013年）を大きく下回った。実は、僕のメジャー9年間で最速の平均の年なのだけど（笑）。

最初のバッターは5番のペラルタ。

初球は143キロのストレートをインコースに投げてストライク。

2球目、143キロのストレートをアウトコースに。ボール。

3球目、127キロのフォークをアウトコースに。ボール。

4球目、141キロのストレートをアウトコースに。ボール。

5球目、140キロのストレートをインコース高めに投げて空振りのストライク。
6球目、143キロのストレートをファール。
7球目、128キロのフォークをファール。
8球目、143キロのストレートをファール。
9球目、128キロのフォークで空振り三振。

2アウトになり6番のインファンテ。
初球、130キロのフォークをファール。
2球目、143キロのストレートをファール。
3球目、130キロのフォークで空振りの三振。

9回、最初のバッターは7番のペーニャ。
初球、128キロのフォークをアウトコースに投げてボール。
2球目、141キロのストレートをインコースに。ストライク。
3球目、128キロのフォークをアウトコースに。ファール。

4球目、130キロのフォークをレフトフライ。

1アウトになり8番のジャクソン。
初球、141キロのストレートが高めに逸れてボール。
2球目、141キロのインコースのストレートでセンターフライ。

2アウトになり9番のイグレシアス。
初球、141キロのストレートがインコースに外れボール。
2球目、140キロのストレートが同じくインコースに。ボール。
3球目、141キロのストレートがストライク。
4球目、140キロのストレートをファール。
5球目、141キロのストレートをアウトコースに。ファール。
6球目、141キロのストレートをアウトコースに。ファール。
7球目、130キロのフォークがアウトコースに引っかかりボール。
8球目、143キロのストレートをファール。

9球目、141キロのストレートをセカンドフライ。試合終了。

合計、27球を投げたこのとき、たくさんの方に「良く投げた」と褒めていただけたのだけど、その理由はおおよそ次のようなものだった。

「ストレートとフォークをコースに投げ分けた」

「甘い球もあったが、気持ちで優っていた」

どれも、僕自身が意識していたことで、とても大事な要素だ。でも、僕にとっては本質的なことではない。書いてきた「相手」が存在しないからだ。

例えば、三球三振に取ったインファンテは明らかにストレートにもフォークにも合っていなかった。ストレートは差し込まれていて、「速い」と感じさせることができていたと思う。バッターの特徴としても一発の確率はそこまで高くない。だから、ストレートもフォークもストライクゾーンに投げていけた。このときは調子も良くコースに投げることができていたが、多少コントロールが内、外に入っても問題ない、という感覚だった。

インファンテとは翌日も対戦している。優勝がかかった9回、3点差。1アウトからの対決で、初球のストレートを見逃し、2球目にセーフティーバントをしてきた（ピッチャーゴロになりアウト）。簡単には「打てない」と思って、苦肉の策だったのだろう。
球速も球種も少ないけれど、相手に「速い」「的を絞れない」と思わせることができれば、ピッチャーにとってこれほど有利なことはない。

「相手」の反応によってピッチングは変わってくる。数字ではなく、「相手」にどう感じさせることができるかで抑えられる確率は大きく上下するわけだ。

第1章で、自主トレからシーズンに入るまでのステップを記した。その中で「バッターとの感覚を見る期間」が大切だ、と書いたのは、自分の投げる球が、バッターにどう映っているか、感じさせられているかを確認することがとても大事だからだ。2018年は、3月にジャイアンツに入団したこともあってその期間がなかった。僕の責任ではあるが、その準備ができていなかったことは、シーズンに大きく響いたと思う。

バッターの反応はどうやってずらすのか？

では、実際にバッターの反応、感覚をどうやって錯誤させるのか。
数字以上に、速く感じさせることができるのか。

いくつかポイントがあった。

まず投球フォーム。ずっと意識していたのが、どの球種でも同じフォームになること。特に軸となるストレートとフォークの投げ方が、始動からテイクバック、腕の振り、ボールのリリースまでひとつも変わることなく一緒の動きをする。そうすることで、バッターは最後の最後までストレートかフォークかを判別できない。結果的に、アウトになる可能性が高まる。

こう言うと、プロなのだから当たり前だという指摘を受けそうだが、まったく同じフォームで投げるということはかなり難しい。

◯◯というピッチャーはカーブを投げるときに腕が緩む。

フォークを投げるときだけひじの角度が違う。

ストレートだけ首が横に振られる。

グローブの位置が変わってしまう……。

こうした細かい癖は、プロレベルでもいくつもあって、分析されている。もちろんそれは、本当に細かい一見すると気づかないようなものなのだが。稼頭央が対談で、僕にはけん制の際に、小さな癖があったと指摘したのは、象徴的だと思う。

ジャイアンツ時代、僕がデビューから2試合目まで振りかぶって投げていたのをご存じだろうか。ワインドアップという投げ方だ。それを、振りかぶらないノーワインドアップに変えたのには、理由があった。

「振りかぶった際の手首の動きで球種がわかるぞ」

そう言われたのである。

以来、手首を隠すためにノーワインドアップにし、球種を悟られないように努めた。

メジャーに行って対戦するようになった松井（秀喜）さんにこう言ってもらえたことがある（日本時代はチームメイトだったから対戦することがなかった）。

「上原がすごいのは、フォークが真っすぐに見えること。ふつう、フォークはもっと早い時点でわかる。バッター目線から言うと、ストレートの軌道と腕の振りとボールの軌道が、バッターの近くに来るまでそう感じさせるんでしょうね。いままで（対戦してきたピッチャーでも）そういない」

これは本当にうれしかった。尊敬する松井さんに褒めてもらったことはもちろん、自分自身のスタイルが通用することを、一流バッターに認めてもらえたからだ。それにしても、バッターボックスにおけるあの松井さんの威圧感は忘れられない。マウンドに立ってみないとわからないことのひとつだ。

フォームを一定にするとき、僕が意識しているのは股関節を中心とした腰回り。その点で工藤さんから学んだことは多くあった。

工藤さんのカーブを投げるフォームはストレートとまったく変わらない。それはどうやって実現されているのか。気になって、横から、後ろからといろいろな角度で工藤さんのフォームを見させてもらった。もちろん、話も聞いた。

そこで、一定のフォームを支えているのは、腕の振りや上半身の動きも大事だが、何より下半身なのだと感じた。

それからというもの、キャッチボールや遠投を中心にとにかく股関節周りの意識を持ち、変わらないフォームを作ろうと試行錯誤した。フォームでいかにバッターを惑わせるか、的を絞らせないかを考えながら練習をしてきたのだ。

フォームについてはもうひとつ、ボールが見えにくいということも「相手」にとっては厄介だ。(和田)毅は、僕と同じように表示される球速はないけれど、相手に速いと思わせるピッチングができる。これは、ボールの出どころが見えづらいことに起因しているだろう。ポイントはテイクバックで、なるべく小さく、かつ「相手」に見えないようにすることだ。

僕に関しては、この小さなテイクバックは意図して作り上げたものというより、もともと外野手だったことで、いわゆる「野手投げ」がそのままベースになっていったと思っている。イメージは、(高橋)由伸の送球フォームだった(由伸は、捕ってからスローイングをするまで大きなテイクバックを取らずに強い球を投げられる稀有な能力を持っていた)。結果的にそれが、「相手」からすると「速く感じる」フォームになったわけだ。

「テンポ」も、相手にプレッシャーを与えるものに挙げられる。

リズム良く投げていくこと。これは、守備側に守りやすい一定のリズムを作る、自分の間合いで投げていくといったメリットがあるが、一方で、「相手バッター」に考える時間を与えない、相手のペースにしないという意味合いがある(これについても最初からバッターをイメージしたわけではなかったが……)。

また、メンタル面も同じだ。

球種が少ない僕ではあったが、一球、一球に気持ちを込めて投げるということを怠ったことはない(唯一あるとすれば、2011年の地区優勝シリーズ、デトロイト・タイガース戦だろうか。ミゲル・カブレラというメジャーを代表するスラッガーに対してフォアボールを出した。あのときは、前日に彼に打たれたホームランのイメージが拭えず、どこに投げても打たれるような感覚だった)。

気持ちを込めた球。相手に対して「絶対に打たれるものか」と思いながら投げる、魂を吹き込んだボール。それもひとつの球種だと思っている。

どれをとっても「相手」となるバッターがどう感じるかを考えている。自分の球をバッターにどう体感させるか。そこに目が行くようになるとピッチングも野球そのものも視野が大きく広がるはずだ。

数字を追い掛けるメディア

個人的には、「数字」を過大に評価するのは良くないと思う。

紹介した2013年シーズン、最終的にワールドシリーズを制覇し、胴上げ投手にもなったことは僕の野球人生のハイライトでもあり、忘れがたい最高の1年だった。残した数字は、出来過ぎ。力以上のものが出た、という思いもある。

その途中では、22試合連続無失点や、その後7月から9月まで続いた連続試合無失点

27、連続打者アウト37、連続イニング無失点30回1／3など、どこから探してきたんだろうか、と思うような数字が報道された。
シーズン当初は中継ぎの地位を上げていくというプライドもあったから、そうやって知られざる数字にスポットが当たることはうれしい。メジャー史上でも上位、と言われれば率直にすごいことができたんだな、と思えるし、そうした数字を探してきてもらうことにもありがたさもある。

一方で、その数字に内容が伴っているか、なぜそういう数字が評価されるのか、そこにもっと焦点を当てるべきなんじゃないか、とも思う。

典型的なものが球速にまつわる報道だ。またかよ、と思わず読んでほしい（笑）。極端に言えば、僕は「球速150キロ」「160キロ」といった数字は報道に必要ないと思う。野球にとっては結果がすべてであり、ピッチャーで言えば、抑えたか抑えられなかったか、それがポイントである。でも、いまの報道の在り方だと、抑えたかどうかではなく、球速が何キロだったか、というところが大々的に報道される。

もちろんそのポテンシャルがある、という意味では球速に意味はある。でも、そうやって球速ばかりが先行してしまうと、大事なものが抜け落ちていく危険性もある。

これまでも指摘しているとおり、ピッチャーにとって必要なスピードは「相手」がどう感じるか、である。球速が出ているのであれば、その感覚をバッターに聞く。それを言語化していく必要がある。ただ球速だけを書いて「すごい」としていてはいい影響はないと思う。

というのも、記者さんたちが書くこと、メディアの力は絶大で、そういう雰囲気が世の中に醸成されていくからだ。

いまや甲子園に出るピッチャーは全員と言っていいほど、僕のメジャー時代より速い球を投げている。でも、だからといって100勝できる保証はない。つまり、球速で勝つことはできない。それがわかっているはずなのに、球速がことさら煽《あお》られると、世の中がいつはすごいんだ、という空気になっていく。あの子は球が速い子だ。すごい子だ。そんなふうに。

バッターで考えても同じである。

140メートル弾！　超高校級！

そんな言葉が躍るたびにこう思う。

フェンスを超えれば全部ホームランだ。

たとえ、98メートルしか飛ばなくても、フェンスオーバーをすれば同じホームランなのである。

だから、数字だけを基準にするのは怖い。

事実、そうやって球速や飛距離、ホームラン数などの「数字」に煽られて、プロでは結果を出せずに去っていく選手を何人も見てきた。

その球速、ホームランは試合にどう影響したのか。勝ったのか、負けたのか。それはなぜか。裏側にどういった意図があったのか。そういったことを踏まえて、野球を伝えてほしいと切に願っている。

プロ野球選手になって以降、僕は記者の方に愛想がいいタイプじゃなかったと思う。まず否定から入る選手。そんなイメージだったかもしれない。実際にそうだった。

大人げないとも思うが、それは、予定調和な取材があまりに多かったからだ。質問してくる記者の方は「自分の答え」をすでに持っていて、それに合わせたコメントが欲しいのだろう、というのが透けて見えた。

「1＋●＝3」という記事を書きたくて、●について取材しに来ている。●を埋めるために来ている。いかに「2」を言わせるか、というふうなのだ。

球速に関して言えば、

「150キロ、上原羨ましい」

といった感じだろうか。

数字はとても大事なものだ。だけども、伝え方、見せ方ひとつでそれは、さまざまな勘違いや弊害を生んでしまう可能性もある。なぜ抑えられたのか、結果が出たのか、その数字を出せるようになったのか……裏側にあるものに目を向けてほしい、と思う。

ピッチングの原点はどこにあるか？

ある指導者と食事をしていたとき、「バッターを打ち取るときに一番大事なことは何か？」と聞かれた。

僕は、インコースの使い方、と答えた。

よく、「困ったときはアウトコースの低めに投げろ」「ピッチャーの生命線はアウトロー」と言われるが、バッターの体格が大きくなり、パワーもついてきた現代で、アウトコース低めが安全な球とは言い切れなくなっている。

それよりも、インコース。体に最も近いボールで、打ちづらいこのコースをうまく活用しなければ、コンスタントに打ち取ることはできない。

僕の場合、実際のバッターに対して、インコースを使わないで勝負することはないと言っても良かった。もちろん、バッターによっては1球もインコースに投げないことはある。それでも、そのバッターにインコースを意識させたうえで、その選択をしていた。

ただ、インコースに投げることが大事だと言っても、それは簡単ではない。コントロールを間違ってしまえば、デッドボールになるか、ど真ん中のもっとも打ちやすいボールになってしまう可能性があるわけで、まずコントロールできる能力をつけ、そして「もしも中に入ってしまったら長打を打たれる」という恐怖心に打ち勝たなければ、思い切って投げることができない。そのために必要なトレーニングを、練習から意識して取り組んでいかなければいけない。

その練習の際に重要なことは、ただインコースに投げ続けることではない。ブルペンでいつもインコースギリギリに投げられたとしても、試合ではバッターが立つ。そうすると、視野もコースまでの見え方も変わってくる。僕は、必ずバッターボックスに人を立たせてインコースへのコントロールをつける練習をしていた。

それも、当てないように投げていてはいけない。本当にバッターが脅威に感じる球を投げる。失投すれば打たれる、と思って投げる。あるときはバッターボックスに立っているコーチに「ぶつけてしまったらすみません！　ご飯、おごりますからよろしくお願いします」と言って、試合を想定し、プレッシャーを受けた状態を作ったうえで、インコースへのコントロールをつけていた（そして実際にぶつけてしまったこともある……コーチ、申し訳ありません）。

実際の試合でのインコースの使い方に、ファールを打たせてカウントを稼ぐという方法があった。

多くのピッチャーは、インコースに投げる際に、ストレート系の速い球か、シュートして食い込んでいく球を投げる傾向がある。確かにこの球は、うまくコントロールできればバッターにインコースを強く印象付けることができるし、打ち取れる可能性も高くなる。

僕の場合は、球速がなかったことと、シュート系の球種が得意ではなかったこともあって、その方法よりも、インコースに遅くて落ちる球を使っていた。球速のないインコースに対して、バッターは「打てる」と思って、必ずと言っていいほど、手を出してくるからだ。

遅い落ちるインコースを、フェアグラウンド内に打ち返すことはかなり難しく、ほとんどの場合、ファールになる。

そうしてインコースを意識させ、加えてカウントをピッチャー有利に持っていくことで、外のフォークや、球速のないストレートでも、空振りを取ることができた。

インコースの使い方は他にもあると思うけれど、これをひとつ覚えるだけでも、ピッチングの幅は大きく広がっていく。

と、インコースの重要性を書いてきたが、察しの良い方は、このインコースも「相手」が存在しなければ意味がない、ということを理解いただけていたと思う。

緩いインコースのボールはファールになる。

これは、相手あってのひとつの方法だ。

つまり、インコースが重要なのではなく、インコースの使い方。それは突き詰めると、インコースをどう使えば相手が嫌か、ピッチャーが有利になるのか、ということなのだ。

どうすれば「三振」が取れるようになるか？

投球フォームや打撃フォーム、トレーニングの仕方、試合への気持ちの持って行き方……どれも、選手によって違うだろう。

全員に当てはまる正解は、少なくとも野球には存在しない――そう再三指摘してきた。

実はこれは、大変なことだ。

こうすれば打てるようになる。こうすれば三振が取れるようになる。「こうすれば」という正解があるのであれば、それができるようになるトレーニングをすればいい。例えば、ウエイトトレーニングで100キロのバーベルを持ち上げれば誰でもホームランが打てるようになるのであれば、100キロを上げられるようにすればいい。

でも、その「正解」がないのであれば、自分なりの「正解」を得る方法から探し始めなければいけないのだ。

先の例で言えば、三振が取れる方法、ホームランが打てる方法を、それぞれが見つけ出さなければいけない。

そして、実際にそうしなければプロの世界を生き抜いていけない。

では、この自分なりの「正解」を見つけるために必要なことは何かと言われれば、何よりまず「自分を知る」ということである。

技術的なこと。例えば、投げるとき何を大事にすべきか。また投球フォームにどんな癖があるのか。

身体的なこと。例えば、どこの筋肉が強く、またケガをしやすい箇所はどこか。

精神的なこと。例えば、どうすればテンションを高く試合に持っていけるか、またどういうときに動揺しやすいか。

心技体すべてにおいて、自分を知らない限りは、「正解」までの道順すらわからないことになる。

第1章で僕が「ブルペンより遠投」を重視していたと書いた。

これは僕なりの正解だった。だから僕とは逆の、ブルペンを大事にするピッチャーがいても、遠投をやらないピッチャーがいても、それはそれでいい。

大切なことは、その方法が「自分を知った」うえでそうしているのか、ということだ。

僕の場合は、「リリースの感覚を大事にすることで、いい球が投げられるタイプだ」とわかっていたから、「それをもっとも意識しやすいのは遠投だな」と考えた。

体についても、下半身のケガが多かったから、その負担をなくすために必要なフォームは？　トレーニングは？　といった順番で行動に移していったし、メンタル面でもそれは同じである。打たれるとその残像がつい残ってしまう性格であることを知っているから、車中で大声で叫んだり、0時になったらリセットと「NewDay」だ、と言い聞かせたりする。

自分を知ることができれば、何をすべきか、どう行動すべきかという自分なりの「正解」が見えてくるようになる。逆に言えば、自分を知ろうとすることなく、または知ることなく、いくら練習を続けても、成長のスピード、目標を達成するまでのロスが多くなってしまう、というわけだ。

どうやって「自分を知る」ことができたか？

「自分を知る」ためにはどうすればいいのか。

僕自身の経験で言えば、例えば「自分の体を知る」ことができたのは、ケガが多かったことが大きかった。

それまでも、大阪体育大学野球部時代、学生トレーナーだった塚本洋さん（同い年だけど1学年上で現在は中日ドラゴンズのトレーナーだ）たちと一緒に、どんなトレーニングが自分たちに合っているか、自分たちの体で試しながらやってきた。そこでできたベースに加え、ケガを繰り返したことで、自分の体に対してより敏感になった。

初めてのケガはジャイアンツに入団して2年目のことである。肉離れだった。以来、自分の体にとっていいものは何かを探し続け、効果があると聞けばなんでも試すようにしていた。これまで試した方法を挙げればキリがない。

サプリメント、プロテイン、水素水、酸素カプセル……少しでもいいコンディションでマウンドに上がれるよう、それを試したあとの体の反応、調子を見極めるようにした。プロ生活は20年を超えたが、終盤になっても新しいトレーニング法や器具などを聞けば、試してみるようにしていた。

そうして辿《たど》り着いたのが、疲労回復などのサプリメント、ケガを防止するための超音波治療器、マッサージを行う器具。超音波治療器は、メジャー時代から毎日30分、肉離れしやすいふくらはぎ、太もも、ケガの経験のあるひじに、自分で当てている。

逆に、多くの選手がこだわるような寝具や、アンダーシャツといったものには、あまりこだわりがない。あるものでやればいい、という発想だ。これも、こだわるのがおかしい、という意味ではなく、自分の体には必要がなかった、ということである。

こうして振り返ってみれば、「自分の体を知れた」のは、ケガというきっかけを経て、それをよくするためになんでも試してみた、やってみたからだろう。

試してきたものは膨大にあり、それが良かったのか悪かったのか、例えば水は自分に合っていたのか、合っていなかったのか、それはわからない。最終的には飲まないという判断をしただけであって、もしかしたら効果があったのかもしれないし、なかったのかもしれない。

いずれにしても、「経験」してみることによって、自分の感覚、体の反応を見ることが大事であったわけだ。自分を知るためにも、「経験」をしてみることは大事だと思う。

最近は医学も進歩し、僕がケガに悩まされ始めた20年前より数段レベルの高い治療やケアを、各球団で受けることができる。僕のようになんでもかんでも「自分の体」で試さなければいけない、という時代ではないかもしれない。

でもだからといって「あの人がやってるから」「勧められたから」といって、やっているだけでは、「自分なりの正解」に辿り着けない。きっかけはそうでもいいが、その中で、本当に自分に合っているのか、自分にとっての「正解」なのか、ということに敏感にならなければいけない。

プロ選手でも大きな壁にぶち当たったりすると、なんだかちょっと怪しげなものに手を出す選手がいたりする。そういう姿を目にしたとき、僕はそれを否定する気になれない。ケガをしたときというのは、どうにかしたいという思いから、何かにすがりたくなったりするからだ。変わりたい、結果を出したいと思い、自分で考えて、それを試したのであればいいと思う。その「経験」から「自分を知る」ことができるわけだし、そこから「自分なりの正解」を探し当てることができれば、言うことはないだろう。

正座をして見た工藤公康さんのピッチング

「自分を知る」ためにもうひとつ重要だと思うのが、人に聞く、他人を知るということである。

これまで多くの先輩や指導者に出会ってきて、そこでいただいた金言が自分の支えになってきた。引退前後で気にかけてくれた原さん、村田（真一）さん、斎藤（雅樹）さんの言葉など、それを数えればきりがない。

その中で、「自分を知る」きっかけをくれたのが前出の工藤（公康）さんの存在だった。

プロに入団してすぐの1年目、僕は自分で想像すらできない結果を出すことができた。正直に言って、20勝は出来過ぎで、まさかタイトルを獲れるなんて思ってもいなかった（それも、主要4タイトルを含めた8タイトルも……）。だから、1年目が終わっても、「自分について確固たる何かを知れていた」わけではない。むしろ、レベルアップをしていく必要性を感じていた。何を磨けばいいのか？　これから生き残っていくためには？　将来メジャーでプレーするためにはどうすればいい……？

僕が出した答えは「球種を増やす」だった。

ジャイアンツ入団当時、大学時代から決め球のひとつになっていたスライダーを中心に、ストレート、フォークの3種類の球種を持っていたのだが、ここにもうひとつ球種が必要だというイメージがあったわけだ（メジャー以降の僕を知る人は、きっと「(遅い）ストレート」と「フォーク」――スプリットという人もいるが――の2種類で戦ってきたイメージがあるだろう。他にカット系のボールやカーブもときどき投げたが、決め球として使うことはほとんどなかった。で、スライダーに関してはもはや、どうやって投げていたかも思い出せない)。

そんな折(僕のプロ入り2年目にあたる2000年)に、工藤さんがジャイアンツに移籍してきた。優勝請負人と言われ、162勝を挙げた19年目(いずれも当時の数字だ)の大先輩であり大投手。もっと言うと、小学生時代に憧れた選手だ(なんせこのときで19年目なのだから……、そしてこのあと工藤さんはもう11年、現役でプレーすることになる)。

工藤さんに、球種を増やしたい、と相談をしに行った。すると工藤さんは、はっきりと言った。

「球種を増やすのではなく、いま、持っている球を磨け」

目から鱗《うろこ》だった。そして、これが僕に合っていたのだ。

以降も、工藤さんから何か盗めることがないかと、練習での一挙手一投足を追った。工藤さんがブルペンに入る、と聞けば、ブルペンに飛んで行った。工藤さんが投げているマウンドの横で、正座をして股関節や、着地の場所を見続けた。

質問をすることもたくさんあった。

例えば、ピッチング時に踏み出す足が、なぜ毎回同じところに着地するのか。工藤さんの足をずっと追っていると、着地がいつもぴたっと同じところなのだ。そして、先にも書いたカーブとストレートのフォームが変わらないのはなぜか。工藤さんといえば、カーブが代名詞だけど、あれだけ緩いボールなのに、腕の振りが緩むことがない。

聞きたかったことはたくさんあった。気になることがあれば、なんだって聞いた。

他にも、桑田（真澄）さんなど先輩ピッチャーから話を聞かせてもらったし、カブス時代にはダルにも教えを請うた。ダルのカットボールは僕のカットボールに比べて質が高く、メジャーのバッターですら打ちあぐねている印象だった。その秘密を少しでも知りたい、と思い握り方や、リリースのときの感覚、そして外から見たフォーム……と、ダルを知ろうと努めた。

そうやって、人を見る、知ると、必ず自分と比較するようになる。

すると、自分と違うところ、同じところ……さまざまなものが見えてくる。教えてもらったことが身になったことはもちろんのこと、「自分を知る」ための大きなヒントになった。

「ブルペンエース」は誰でもなれる

「自分を知る」ことができると、野球のプレーについても視野がどんどん広がっていく。

僕の場合、ピッチングには相手の感覚が大事だ、と思うようになり、それを逆算していろいろな練習をするようになっていった。

ブルペンはそのひとつだ。

ジャイアンツに入った1年目、一度もブルペンに入っていないことは書いたとおりだ。当時はそれでいいと思っていたけれど、以降はブルペンはひとつの欠かせない練習になっていった。

ただ、多くのピッチャーのブルペンを見ていると、首を傾げたくなることもある。

例えば、キャッチャーが真ん中に構えて、そこへ強いストレートを投げる。すると、キャッチャーはたいてい、「ナイスボール！」と大きな声を出す。

そこで思う、「それ、試合で投げたら打たれてないか？」

もちろん、試合は相手あってのこと。打たれない可能性もあるが、基本的にど真ん中にストレートを投げて「ナイスボール」と言われる瞬間は、プロの試合には存在しない。1

50キロを超えていたって駄目だ。

他にも、「インコースの使い方」で書いたように、コースをずっと狙って投げ続ける練習。バッターがいない中で、そこに投げられるのは当たり前である。「ブルペンエースは誰でもなれる」は僕の持論で、そのレベルではプロでは通用しない。試合の、バッターが立った状態で、その球をどれだけ再現性高く投げられるかが、勝負の分かれ目なのだ。

であるとすれば、バッターがいない状態でコースにビシビシ投げられるのは最低条件で、そのうえで、少なくともバッターボックスに人を立てるなど試合に近いシチュエーションで投げる練習をする必要があるだろう。

もうひとつ、上の段階に行くとすれば、ブルペンにおけるキャッチャーへの指示がある。逆を言えば、そのひとつを見れば、そのピッチャーがどれだけ「自分を知り」、最適な練習をしているかがわかる。

どういうことかと言えば、ピッチャーにはそれぞれ自分の球の軌道の癖のようなものがあり、それを踏まえたうえで投げ込んでいるか、がわかるのである。

僕がブルペンで、右バッターのアウトコースへ投げる練習をするとき、必ずキャッチャーに「左バッターのバッターボックスのライン上に構えてくれ」と指示をしていた。これは、構えたところどおりに投げると「ボール」である。とはいえ、僕は「ボールを投げる練習」をしているわけではない。

僕の球は、右バッターのアウトコースに投げるとき、ややシュートをして真ん中へと変化する。だから、多くのピッチャーのようにストライクゾーンのギリギリを狙うと甘い球になってしまう。でも、バッターボックスのラインに向かって投げると、シュートしてちょうど、アウトコース低めに投げられるのだ。

ブルペンに限らず、練習には意図があるはずだ。「自分を知った」うえで行えているか。試合に役立つものなのか。細かい部分で、差がついていくことは覚えておいて欲しいと思う。

球数問題について考える

ここまで幾度となく指摘したけれど、野球に正解は存在しない。

ここ数年、ずいぶんと話題になっているのが「球数問題」だ。これについても、これだ、という正解はないのだと思う。選手によって、どういう強化方法が合っているのかは違うからだ。

もちろん、骨格が出来上がっていない小中高生の選手たちに無理な球数を投げさせることは良くないことだと思う。

ただ、一方で自身の経験を振り返ると、投げ込むことでここまでやってこれたのだ、とも感じる。もし、球数を制限されていたら——タラレバの話にしかならないのだけど、いまの自分はなかったのではないか、と想像する。

個人的には、指導者がきちんとした体への理解を持ったうえで、投げ込みたい選手には、その意図と弊害を説明し、投げ込めるような環境であって欲しいと思う。そして、球数だけが、故障の原因ではないのだから、投げることだけを制限すればいい、といった議論が終始続くような状況は、見直すべきだと思っている。

よく比較対象にあがるアメリカは——僕も息子が野球を始めたからよくわかるけれど、子どもが小さいうちに野球を楽しませるルールをいろいろと考えている。

まずとにかく実戦が多い。試合を多くこなし、何時までやるねんと思うこともあったくらい、実戦をする。

その中で、選手は全員出る。日本のように20～30人が所属しているチームがないこともあるけれど、まずは全員が試合を経験できるようにしている。そして、点数の制限もある。1回で5点を取ったら交代、といった具合に、大きな差がつかないように、そして無駄な投球数が増えないように配慮されている。他にも、1回で2個以上デッドボールを当てる、フォアボールを連発するピッチャーは交代をする、などの決まりもあった。だから、日本の野球のように50対0のような試合は存在しない。

これがすべていいとは思わないが、日本は日本なりの良さをきちんと整理し、アメリカの良いところをうまく折衷しながら進めていけば、もう少し発展性のある議論ができると思っている（アメリカにいてひどいなと思うこともたくさんあるからだ）。どちらがいい、どちらにすべきだ、というだけではいけない。

ただ、高校野球については、道具の質が上がりすぎていることについては、早急に解決すべきだろう。特に日本の金属バットは飛び過ぎる。アメリカは日本と違い、大学まで金属バットだ。でも、規格として日本の金属バットより飛ばないものにしている。

あんなに飛ぶバットを使われたら、ピッチャーはしんどい。

以前、サッカー専門の『フットブレイン』というTV番組に出させてもらったことがある。そのとき、野球界には何が必要か、と聞かれて、迷わず本田圭佑と川淵三郎さん、と答えた。新しい発想をどんどん取り入れる、名実が伴った選手と、古いものを打ち破るリーダー。日本の野球界は、そういう人たちを入れたがらないし、排除しようとする。さすがに、それでは時代に取り残されてしまう。その危機感は強い。

「引退試合」の在り方を再考する

この章の最後にふたつほど、引き際についても書いてみたい。「引退」。それは野球選手であれば等しく誰にでも訪れる。

イチローさんだけは、本当に引退しないんじゃないかと思ったこともあったけれど、そのイチローさんだって引退した。そういえば、日本野球界でイチローさんが平成最後の引退、僕は令和最初の引退になったようだ。

昭和50年に生まれた僕と同じ歳の選手たちには、なんの因果かいろいろな形の「引退」を決めた選手が多かった。

生年月日までが一緒（1975年4月3日生まれ）の由伸は、ジャイアンツ監督就任を契機に引退。同じタイミングで引退し、ジャイアンツのコーチに就任したのが井端（弘和）。ふたりとも、突然の指導ポスト就任で引退のイメージはなかったはずだ。（川上）憲伸は、自由契約になったあとも現役の道を探し、かなわず引退。一方で福浦（和也）はシーズン前に引退を発表し、2019年にユニフォームを脱ぐ。僕はシーズン半ばの引退となった。他にも、いわゆる「戦力外通告」を受け、「引退せざるを得なかった」選手たちもいる。「引退」とは、来る日も来る日も、すべてを白球にかけてきた日々の終わりだ。その在り方には、選手によってそれぞれの考え方がある。僕にとって――自分の引退が現実となるまで――、そのイメージは「もうあの人のプレーが見れないんだよな」というさびしさを伴うものだった。

松井秀喜さんが引退すると発表した日。報道で知り、こみ上げるものがあった。メールで「お疲れさまでした」と送ったものの、顔を合わせたときに、開口一番「まだできますよね？」と言った。

もう松井さんがバッターボックスに立つのを見ることができない。対戦することができない。認めたくなかった。まだ僕からヒット、打ってないじゃないですか……。

だから「まだできますよね」は本心だった。松井さんはこう答えた。

「打てなくなったから辞めたんだよ。ひざ（ケガをしていた）もあったけど、結果が出てれば（引退しなくても）いいんだ」

日本の選択肢はなかったんですか？　と聞いたあとの一言は忘れられない。

「2002年くらい打てたら、戻ったかもな」

いまでもあのときの松井さんなら「打てた」と僕は思っている。でも、松井さんのこの言葉は、プロフェッショナルとして在るべき姿を映しているのではないか、そうも思った。

僕自身の「引退」も結果が出なかったことがすべてだった。それは、誰がどう見ても納得するような結果で、使いたいと思わせる結果だ。第1章では、そのとき、そのときに感じたことをありのままに綴ったから、「引退」にはいろいろな感情が入り混じっていることを感じたと思う。ただ、その感情がいまもあるかと言えば、NOだ。あのときの感情を鮮明に覚えていて、悔いはあるけれど、「引退」そのものはプロフェッショナルとして結果が出なかったことが理由である。だから、身を引くことは当然だった。

つまり、「引退」は結果が出せない選手への引導だ。プロフェッショナルとして「結果」が出せなくなったという現実を受け入れた瞬間でもあるのだ。

そういう意味で、プロ野球界における「引退」について違和感を覚えることがある。

引退試合である。

シーズン終了間際になると行われる引退試合。確かに、選手のそれまでの貢献に感謝を伝えるイベントとして心を打つ。ただ……、あくまで個人的な意見だが、――果たして、それをシーズン中の試合でする必要があるのだろうか。

わざとストレートを投げる。わざと空振りをする。

そこにプロフェッショナルとしての「結果」は求められない。

ついこう考えてしまう。

あるバッターの引退試合。結果を求め、必死でもがいてきた若手選手がマウンドに上がっていたら？ それが3年目、4年目の勝負の年を迎えたピッチャーだったら……？

マウンドで投じる1球はいつだって、将来、野球人生がかかった1球だ。プロとしてマウンドに上がる以上、消化試合だろうが、優勝争いの真っただ中だろうが関係がない。つねに、1球がプロ選手の未来を良い方向にも悪い方向にも変えるのだ。

実績があるピッチャーであれば多少は許されるかもしれない（とはいえ、僕はそういうふうに思ったことがない）けれど、「結果」が約束されているマウンド、バッターボックスに立つのはプロとして在るべき形なのだろうか。そこに相手がいたとしても？

やはりプロ野球は、結果で評価されるべきだ。

そして必死の想いで「経験」をした選手たち——二軍でもがいた彼らから、「結果」を求める場所を奪ってはいけない。

メディアも同じで、もちろん引退する選手への敬意は100パーセント持ちつつも、シーズン中は「結果」を報道してほしいと思う。活躍をした人をしっかりと取材し、その理由や、素晴らしいところを取り上げてほしい。

引退試合報道の裏で、素晴らしいプレーを見せた選手の紙面が奪われてしまっていたとしたら、こんなに悲しいことはない。シーズン中に辞めていく人を大々的に取り上げる必要はないと思うのだ。シーズンが終わったら、その功績をたたえ、もちろん批判もしてくれたら、と思う。

そんな思いもあって、ひっそりと辞めていくことを目指していた僕だが、図らずもシーズン途中の引退で、目立ってしまった。言っていることとやっていることが矛盾していて申し訳ないのだが、メジャーの同僚の多くが知らない間に引退をしていたり、メキシコで頑張っていたりするのを見聞きするに、日本の引退試合について、ふと考えてしまう。

「あれ、辞めたの?」と言われたかった

ひっそりと辞めたかったは本心だ。

2018年のオフにジャイアンツが契約をしてくれたとき、原さんに「1年で辞めます」と伝えて以来、オープンにするのはシーズンが始まるその場だけにして、あとはジャイアンツの選手として日本一に貢献し、知らない間にいなくなる。その後、どこかで関係者やファンに会ったとき、「あれ、辞めてたんですか?」みたいな会話ができるような「引退」。

それが理想のシナリオだった。

もちろん、それが簡単ではないことはわかっているけど、そのためにオフから準備をしてきたつもりだった。

先にも少し触れたけれど、メジャーには、この「あれ、辞めたの?」というような選手がたくさんいる。

逆に言えば、メジャーでシーズン中の「引退試合」のようなセレモニー的な勝負を見聞したことがない。ジーターやパピ(ディビッド・オルティス)のような、メジャーでも稀《まれ》な一チームで圧倒的な成績を残した選手でも同じだ。

ジーターの引退は、地元ニューヨークではプレーオフ進出の可能性が途絶えたこともあって、毎イニング間にOBのメッセージが流れるなどセレモニー色が強かったと言う。それでも、対戦したオリオールズは、プレーオフ前の大事な試合であり、真っ向勝負を挑んでいたと聞く（それにサヨナラヒットで応えるのがスーパースターたる所以だよな、とうらやましく思ったりもした）。ジーターの、本当の最後の試合はレッドソックス戦だった。対戦したバックホルツは150キロ近いストレートを連発していた（そして、ジーターはそれをタイムリー内野安打にした）。

パピの引退は、本当に真剣勝負だった。ほとんどの時間をボストンで過ごしたレジェンドは、シーズン前に引退を発表し、いろいろな球場に行くたびに、ねぎらいのイベントが行われていた。娘さんが国歌を歌うシーンにはジーンときた。でも、試合の「結果」に影響されるようなイベントはない。パピの最終打席はフォアボールだ。リーグ優勝を果たし迎えた地区シリーズ。8回、2対4の劣勢でフォアボールを選んだパピは、ファーストベース上で「負けないぞ」とチームを鼓舞するように、両手を挙げスタジアムを煽った。その雰囲気に乗せられて1点を返したものの、そのまま敗退（ちなみにパピはこの後、代走を送られている）。最後まで勝利を目指した、真剣勝負の中で、去っていった。

このふたりはレジェンドであり、特異なケースではあるが最後まで真剣勝負を貫いた姿に、プロフェッショナルを感じ、憧れた。もちろん、自分がそんな選手になれるとは到底思っていなかった。他のメジャーリーガーのように、真剣勝負を終え、ひっそりと終わっていくことを想像していた。

そもそも多くのメジャー選手は、その「引退」すらあまり知られないが、引退試合が行われるような選手は、試合前にスピーチをし、球団がねぎらいの品を送り、球場に詰めかけたファンは万感の拍手を送るといった形で行われる。「一日契約」という形でユニフォームを用意することがあったりと、その雰囲気はとにかく「引退」にふさわしい。松井さんも「ヤンキースの松井」で終われるようにと「一日契約」をしている。

こういうメジャーの雰囲気は、日本ももう少し取り入れてもいいんじゃないか、と思う。

あくまでグラウンドは真剣勝負の場。

一度、その時間を離れれば、誰に対しても温かい空間。

もちろん、日本は日本の考えや文化がある。だからそこにふさわしい形を作っていけばいいと思う。決して「引退試合」が悪い、とは思わない。かくいう僕も、ずいぶんと先輩方の「引退試合」で涙してきた……（特に、長嶋監督の勇退記念試合ともなった、斎藤雅樹さん、村田真一さんの引退試合はずいぶん泣いてしまった)。

せっかくメジャーという存在があるのだから、いいところはどんどん取り入れていけばいいと思う。

試合前にグラウンドに家族を連れて入れること。あの雰囲気は、何物にも替えがたい温かさがある。

試合消化のスピード。メジャーは時差がある場所へ転々とするが、そんなハードスケジュールはお構いなしにどんどん試合を入れていく。試合数がメジャーより少なく、移動距離も短い日本はもっとコンパクトにシーズンを戦ってもいいのではないだろうか。

意図せずして「引退」を多くの人の目にさらしてしまったから説得力に欠けるかもしれないが……(苦笑)、日米のいいところをうまくブレンドして日本の野球が発展していって欲しいと思っている。

CHAPTER.3

第3章

結果と経験。一軍と二軍
～正解がない中でどうすべきか～

最後に書いてみたいのは、目標を持った人がそれを実現し、結果を出すためにどう考えていくのが良いか、という僕なりの思いだ。プロ野球選手になって以降、さまざまなところで、「どうしたら上原さんのようになれるか」という、少しむず痒くも、うれしくもある質問を受けてきた。

その時々で僕なりの考えを伝えてきたつもりだが、今回は「引退」という新たな経験をして思うことを綴ってみる。

というのも、引退をすることになって、はっきりしたことがあるからだ。

いろいろなところで伝えさせてもらった、「一軍は結果を残す場所。二軍は経験する場所」ということだ。この本の中でもそう書いてきた。もう一度、かいつまんで書くと、二軍で「経験」を積み、それを一軍で生かし結果を出す。裏を返せば、一軍は「経験」を積む場所ではない、ということだ。

一軍＝結果。

二軍＝経験。

それは何事にも「経験」があって、その先に「結果」を求められる場所がある、ということだ。「結果」を求めるためには「経験」が不可欠だとも言える。

もちろん、「経験」がなくても「結果」を出せることもある。プロ野球のように実力がすべての世界で、また一年ごとに成績がはっきりと出る世界では、ときどき見かけるだろう。入団をしていきなりセンセーショナルな「結果」を出す選手を。

かく言う僕も、1年目でいきなり20勝という「結果」を出してしまった。あのときは、プロに入団したてで、右も左もわからない状況だった。とにかく突っ走るしかない、とスタッパーをかけることなく目の前の試合に挑んでいた。

シーズン中盤にははっきりと疲労を自覚するようになり、口のまわりには発疹ができ(ヘルペスだった)、さらには、血便も出るようになった。それでも、休もうとは思わなかった。シーズン後に検査をしようと思い、それに気づいた人たちには、誰にも言わないで欲しいとくぎを刺した。シーズン途中で離脱をするわけにはいかない、その一点が僕の脳内を支配していたのだ。体調不良は球団にもトレーナーにも言わなかった(この血便は「切れ痔」だったというオチがついたのだけど)。

そんなシーズンに対して、よくやったなという思いこそあれ、充実感があったわけではない。20勝したからといって、20年プロ選手としてやっていける保証をしてもらったわけではないし、もっと言えば翌年すら勝てるかわからないからだ。経験がないから、ただ1年目に勝ったという結果が残っただけだった。

事実、2年目にはケガをして戦線離脱した。7月に肉離れをして規定投球回数（先発として自身に課していた数字は、勝利数や三振数ではなくイニング数で200回が目標だった）にも届かず、前年の半分以下となる9勝で終わった。翌年の3年目はなんとか10勝をあげることができたけれど、やはり規定投球回数に届かず、防御率も4点台。この2年間、リハビリなどもありシーズンの半分近くを二軍で過ごした。

このあたりから、上原はもう終わった、1年目の成績は打ち上げ花火だった、というような評価をちらほら耳にするようになった。

そうして迎えた4年目の2002年は、僕にとってもっとも充実感のある1年となった。ローテーションを守り、17勝をあげ日本一。最多勝というおまけもついてきた。何より、相手選手が上原浩治というピッチャーを知っている中で、勝利をあげ続けられたことに手ごたえがあった。

やっぱり、3年間の「経験」がベースにあって「結果」を出すことができたのだと思う。

もし、1年目の「結果」を自分の実力と勘違いし、「結果を出した」と思っていたらこの4年目はなかった。いや、約20年の現役生活もなかったはずだ。右も左もわからない1年、心も体も頭も一致した状態ではない中で出た結果、ということに自覚的でなければ、きっとその後どこかで大きく躓《つまず》いただろう。

「経験」があって「結果」がある。いきなり「結果」に飛びついても長続きはしない。だからまず「経験」をしよう――やってみよう。

目標があって、それを実現したいと思う人に伝えたいメッセージのひとつだ。

ただ、ここにも簡単ではない壁がある。

「経験をする」「やってみる」ということが、(意外と)難しいのだ。

多くの才能あるプロ野球選手たちと接してきて、なんでやってみないんだろう? と思うことがよくあった。やってみれば、経験さえ積んでいけば、一気に成長できるのに。目標を実現できるのにもったいない……。

しかし裏返せば、「経験」をすることには、そのくらい勇気がいるということだろう。一歩を踏み出す、行動を起こす勇気だ。

一歩を踏み出さない理由は、（あくまでそういう人たちと接してきて感じたことだが）面倒くさい、遊びたいという欲が勝って後回しにしてしまったというレベルから、目標実現への思いの強さ、本当にその経験が必要なのかという自問、正しい道を進んでいるのかという疑問や不安など、いろいろなものがあった。

確かにどの理由もよくわかる。やってみることはしんどいし、経験せよと言われても何をしていいのかわからないなんてときもある。そう考えると、「結果」を得るまでの順番には「経験」の前の段階、「踏み出す（行動を起こす）」ことが必要と言える。その段階は野球をするものなら誰もが憧れるプロに入る以前の場所で抱く気持ちに似ている。

そこをクリアすると経験できる場所に行け、その先に結果がある、という感覚だ。

プロ入り前＝行動を起こす場所
二軍＝経験する場所
一軍＝結果を出す場所

こうやって考えていくと、僕はラッキーだったのかもしれない。プロに入れるなんて想像すらせず、野球が面白くて仕方なかったり、うまくなりたくて仕方なかったことで、経験する場所にまでステップアップできた。浪人時代の苦しさがそうさせた部分もあるし、入学した大阪体育大学で出会った選手、中野（和彦）監督という指導者にも恵まれた。必要に迫られることなく、勝手に行動を起こすことができていたのかもしれない。

さて、目標を持った人が目指すのは、「結果を出す場所」に行くことではなく、「結果を出す」ことになる。そのために大事だったことは何だったか。

それを僕の人生で考えてみると、こういうイメージだ。

行動を起こす場所で重要なこと（プロ入り前）＝踏み出すこと
経験をする場所で重要なこと（二軍）＝乗り越えること
結果を出す場所で重要なこと（一軍）＝受け止めること

理屈っぽくなってしまったけれど、このことを念頭に置きつつ、「経験」の持つ意義、どうすれば「経験」をしようという勇気を持てるか、「経験をしたあと」の自分との向き合い方について綴っていく。

【僕の「経験」史】

1999年 ー 1年目。右も左もわからなかった。
終わってみればプロを「経験」できた年。
※20勝4敗。防御率2.09。197回2／3。179奪三振

2000年 ー 肉離れに悩まされたケガ人生の始まり。
ケガ「経験」の年になる。
※9勝7敗。防御率3.57。131回。126奪三振

2001年 ー すべてが中途半端な「経験」。
失敗という印象がある。
※10勝7敗。防御率4.02。138回2／3。108奪三振

2002年 ー 素晴らしい「経験」だった。
フォークボールを体得できた年でもある。
※17勝5敗。防御率2.60。204回。182奪三振

2003年 ー よく投げたなと思う。
でもチームが勝てず悔しかった「経験」。
※16勝5敗。防御率3.17。207回1／3。194奪三振

2004年 ー オリンピックを初「体験」。
シーズンの調子は良かったけど結果がね。
※13勝5敗。防御率2.60。163回153奪三振

2005年 ー 苛立ちの年。チームを勝たせられない
ふがいなさという「経験」をした。
※9勝12敗。防御率3.31。187回1／3。145奪三振

2006年 ー WBC初「経験」
そして、イチローさんと初めてのチームメイト。
※8勝9敗。防御率3.21。168回1／3。151奪三振

2007年 初の抑え。知らなかったリリーバーの世界を知り「経験」の大切さを痛感した。
※4勝3敗32セーブ4ホールド。防御率1.74。62回。66奪三振

2008年 FAを取得。この「経験」も貴重だった。シーズンは本当に空回り。
※6勝5敗1セーブ5ホールド。防御率3.81。89回2／3。72奪三振

2009年 メジャーを「経験」したい一心。落ち目と言われケガ。終わったな、と覚悟。
※2勝4敗。防御率4.05。66回2／3。48奪三振

2010年 リリーバー人生の始まりで野球人生のリスタート。後半は手ごたえもあった。
※1勝2敗。13セーブ6ホールド。44回。55奪三振

2011年 なんといってもトレード初「経験」。ポストシーズンワースト記録は忘れない。
※2勝3敗22ホールド。防御率2.35。65回85奪三振

2012年 ケガに泣かされ続けた。でもこの年があったから翌年のボストンがあった。
※0勝0敗1セーブ7ホールド。防御率1.75。36回43奪三振

2013年 過去の積み重ねすべてが噛《か》み合って、実力以上を出せた初めての「経験」。
※4勝1敗21セーブ13ホールド。防御率1.09。74回1／3。101奪三振

2014年 メジャーのオールスターを「経験」これはうれしかった！
※6勝5敗26セーブ1ホールド。防御率2.52。64回1／3。80奪三振

2015年 骨折を初「経験」。
手は出しちゃいけないよなあ……。
※2勝4敗25セーブ。防御率2.23。40回1／3。47奪三振

2016年 キンちゃん（キンブレル）が来て、また競争。
この年で競争もいい「経験」。
※2勝3敗7セーブ。18ホールド。防御率3.45。47回。63奪三振

2017年 メジャー最後の移籍。
一から友だち作りだったけれど、いいチームだった。
※3勝4敗2セーブ14ホールド。防御率3.98。43回。50奪三振

2018年 ジャイアンツ復帰。
いま振り返っても、由伸やファンのみんなに申し訳ない。
※0勝5敗14ホールド。防御率3.63。34回2／3。24奪三振

2019年 「引退」。これからはすべてが初「経験」！

「経験」へと踏み出す勇気①

僕はなぜ、浪人生からドラフト1位になれたのか？

プロ野球選手を意識したのは大学に入ってからだった。教師を目指して入った大阪体育大学で、僕は大きく成長した。

大阪に生まれ、兄の背中を追って小学校から野球を始めたが、中学には野球部がなく陸上部に入った。その間も野球を続け、東海大学付属仰星高等学校（現・東海大学付属大阪仰星高等学校）に入学。野球部に入部した。強豪校の部類には入ると思うが、甲子園に出たことはない高校。そこで3年間、補欠の外野手兼控え投手だった。

最上級生のときのエースが侍ジャパンの投手コーチである建山義紀だったから（建山とはテキサス・レンジャースでもチームメイトになった）彼を中心としたレギュラーたちに、「なんとか俺を甲子園に連れて行ってくれ」とお願いをするような立場だ。

肩だけは強かったと思う。それでもまったく自信はなく、走り込みが嫌でピッチャーをやりたくないと思っていた。高校で野球を辞めるつもりだった。

それが変わったのが、高校3年生の夏である。

最後の夏、甲子園を目指した戦いの中、(5回戦の履正社戦に)建山が迎えたピンチで登板し抑えることができ、チームも勝った。その後、(敗れることにはなったが)準々決勝、上宮戦でも並み居る強打者を抑えることができた。

公式戦の記録としては6回1／3。

たったそれだけの登板だったけれど、マウンドへ上がることに楽しみを覚えた。

もう少し、ピッチャーをやってみたい。

大学や社会人から声が掛かるようなピッチャーではなかったから、受験をして4年間野球をまっとうしてみよう。

これがひとつのターニングポイントだった。

大学で野球をすると決めても、プロになりたいなんてことは毛頭考えなかった。そのまま教員免許を取って、体育の先生になること。これが描いていた当時の僕の未来である。

それでも簡単にはいかなかった。まさかの受験失敗。浪人生活へと入る。家計を圧迫したくないと思い、バイトをしながら予備校の受講料を稼ぎ、あいまに勉強とトレーニング。走り込みが嫌だ、という理由でピッチャーを回避していた僕が、わざわざ浪人をしてまで野球をしたいと思う。深夜に交通整理のアルバイトをして、朝には予備校に通って、独学でトレーニングもして……高校時代には想像できない自分の姿だ。

はたから見ればしんどい時期だが（いや、実際そのときは苦しかったけれど）、それでもこうした日々を続けられたのは、「楽しい」と思えた、たった6イニングだけの「経験」があったからだった。

踏み出す、行動に移すための勇気というのは、意外とシンプルなものだと思う。

楽しい、やってみたい、と思えるものにできるかどうか。

そう思うことができれば、探求心がどんどん湧いてくる。

その後、大阪体育大学に入学すると、本当に野球が楽しくて仕方なかった。バッターを抑えることができるようになると、もっとうまくなりたいという欲が湧いてくる。

野球が強い大学ではないから専用のグラウンドも、コーチもいない。だからとにかく周りの選手と協力をしながら、どうやったらうまくなるのか、自分の体を使って勉強していった。各々が、プロのキャンプを見に行き、社会人の練習に参加し、そこで得たものをチームに持ち寄っていく。全員で経験を共有することでレベルを上げていった。

トレーナーの勉強をしていた塚本さんの存在は大きくて、いろいろなメニューを考えてくれた。僕も塚本さんも、とにかく手を抜かず勉強、トレーニングをした。塚本さんが持ってきてくれた練習法を僕で試してもらう。僕が持つもっとこうなりたい、という目標に対して塚本さんがその練習法を探し、考えてきてくれる。

振り返って大事だと思うのは、そのときお互いが一切、妥協をしなかった、その姿勢だ。怖い監督も、コーチもいないから、やらされるという環境はない。だからこそ、自立して取り組まなければいけない。それも高校時代にあったような強制的な上下関係がない中（それが僕に合っていた）で、楽しさを持って過ごせたことが大きかった。

シンプルだけど、この「楽しさ」こそ、一歩を踏み出すための大きなモチベーションになることは間違いない。

「楽しさ」はふいに訪れる

――「経験」へと踏み出す勇気②

実績や環境がない場所でも挑戦すべきか？

プロ野球では、選手を支えるために多くの人たちが動いてくれている。技術を上げるための指導をするコーチひとつをとっても、ピッチング、バッティング、バッテリーや守備・走塁、さらにはコンディショニングやトレーニングなど、専門に合わせたきめ細かい人材がいて、施設もそれに対応した最先端の場所や器具が準備される。また、スパイクやグローブといった道具についても、メーカーの人が細かく希望を聞いてくれたりする（もちろんこれは実績がある選手が中心になるのだが）。

最近では、アマチュアレベルでも、そうした充実した環境が整っている中で野球ができるらしい。選手からすればそこで受けられるメリットはとてつもなく大きいだろう。

ただ、それがなければうまくなれないか、と言われればそんなことはないと思う。目標を達成するための一歩を踏み出せない。その理由のひとつに、環境がないと言う人がいる。僕らの世界で言えば、あのチームには良い指導者がいない、うちには整った施設がない……。確かに、十分な理由になり得るようにも見える。

でもそれは、ある程度実績を積み、経験をした人が言うべきことではないだろうか。

すでにいくつかのチームを経験した、とか、全力で取り組んできた、と考えた人が、自分にいま足りないものとして「良い指導者」や「施設」を求めるのはわかる。だけど、もしまだ何も経験していない状況で、(良い指導者がいるチームに行くなどの) 選択肢もないのに二の足を踏んでいるのであれば、まずできるところでやってみるべきである。

先に触れたとおり、僕の人生を変えてくれた大阪体育大学には専用グラウンドがなく、しかも共同で使うグラウンドですら付属高校である浪商高校の野球部が優先された。だから集まって練習できたのは昼休みの30分にも満たない時間だ。専門のコーチもいない。用具も一般の大学・高校レベル。環境が強みになるようなものはなかった (いまでは大阪体育大学も立派な室内練習場や球場があるなど恵まれた環境にある)。

それでも、中野監督という人として尊敬でき、いまでも事あるごとに相談に乗ってくれる存在に出会えたり、学生トレーナーの塚本さんを中心として、自分たちでメニューを組んだりして、強くなっていった。僕自身のスキルもめきめきと上がった。

そこには環境がないからこそ、得られる強さがあった。

実は僕も大学時代、環境を理由に「辞めたい」と申し出たことがある。2年生になり、エースとして投げていた僕は、自分のパフォーマンスに手ごたえを感じていた。所属している阪神大学リーグでいきなり優勝に貢献できたし、スピードもどんどん上がっていた。「もっとうまくなるためには、もっとレベルの高いリーグでやるべきじゃないか……。ここにはコーチもいない。ここでは伸びない」

そう感じ始め、中野監督に直訴した。

「辞めさせてください。社会人か違う大学に行きたいと思います」

あのとき、中野監督の「ちょっと待て」がなければ、もしかしたら違う環境で野球をやっていたのかもしれない。けれど、そうなっていたらいまの僕はあったのか。

むしろ、環境がないからこそ得たもの——自分たちで考え自立した練習をする、どんなところでもやっていける耐性、「環境がある人」たちに負けてたまるかという反骨心——が、役立っている。踏み出せない理由が環境であるならば、考え直してみてもいいと思う。

環境は「経験」後に求めるのが良い

自信がなくて踏み出せないときにどうしたか？

——「経験」へと踏み出す勇気③

踏み出せない理由に、自信がないから、という人もいるだろう。

きっと冷静に自分を見ることができているんだと思う。

とはいえ、こうも言える。

自信がある人っているのだろうか。

実は、僕は自信を持ったことがほとんどない。それはもちろん、野球に対しても同じだ。何勝しようが、すごい場面で抑えようが、それが確かな自信にはならなかった。

いいピッチングをすると、次の登板もまた絶対にまたいいピッチングができる、というわけではない。何が起きるかわからない未来に対しては、常に不安が付きまとう。不安があるのに自信があるとは言えない。

例えば、ここまで振り返ってきた中で、自信という言葉を使ったのは一度。一軍に上がったら、まだできると証明できる自信がある、というものだ。

これは、言い方は悪いが、絶対に抑えられる自信がある、という意味ではない。「経験」したことから逆算していけば——首脳陣が評価する基準とは違うところで——一軍の選手としてやれる自信があったという意味だ。球速表示ではないところで勝負できる、それが野球であるという自信だ。決して結果を出せるという類いのものではない。

つまり未来に起こることや、その結果に対して自信を持つことなどできないのだ。

多くの一流の選手と接してきて「こいつ、自信満々やな」と思ったことはある。でも、実際に接してみると、ものすごく繊細で、それを覆い隠すためにとてつもない練習をしていたりする。僕はそうした行動が不安から来ているのではないかと思う。もちろん、それは人それぞれで、正解はないのだけれど、どんな一流であっても不安があるからこそ、練習をし、なんとか自信を得ようともがいているのではないだろうか。

こういう見方もできる。

いま自信がない。では、いつなら自信があるのだろう?

結果が出てから?

納得のいく練習ができてから?

周りに認めてもらえてから……?

いずれも、人によっては自信がつきそうな理由である。しかしこの理由の裏を返せば、結果を前提として自分の行動を狭めてしまっているとも言える。

きっと、そう言い続けている限りは、たとえ自信がついたとしてもやらないのではないか、と僕は思う。

そう考えれば、自信がないことは、ためらう理由にはならない。

どんな一流も自信を得ようと戦っている

先発、敗戦処理、中継ぎ、クローザー。転向のときの気持ちは？

一歩目を踏み出すことができたら、「経験」を乗り越えていくステップへと進む。

そこで大事だったのが、「与えられた場所」で「与えられたもの（タスク）」をとことん追求していく姿勢だった。

この段階で「与えられた場所」に不満を抱いていると、大事な「経験」をどぶに捨てることになってしまう。

まず、「与えられた場所」で最大限のパフォーマンスへのチャレンジをする。その「経験」から得たものがあることは、次の段階――結果を出すときに貴重なヒントとなるはずだ（もちろん「結果」を求める段階でも大事なことである）。

与えられた場所、というのは仕事で言えばポジションと言えばいいのだろうか。ピッチャーにもいろいろな場所（ポジション）がある。

1999年にデビューした僕に与えられたポジションは「先発」。8年間それを務めたのち、豊田（清）さんがケガをした影響で2007年に「抑え」のポジションを与えられた。その後、メジャーに渡ると、「先発」「敗戦処理」「セットアッパー」（これは「抑え」の前、ほとんどの場合8回を任されるピッチャーである）そして「抑え」（クローザー）と、さまざまなポジションを経験した。

その結果が、100勝100セーブ100ホールドである。（結果だけを見ればなんとも中途半端である。どの数字も、飛び抜けていないし、ベスト10を調べればどこにも僕の名前はないだろう）。数字にはあまり興味がない僕にとってその価値がどうこう、という思いはないが、どの数字もその場所、その場所で役割に対して全力で取り組めた結果ではあると思う。

先発のときは先発としての役割を果たそうと試行錯誤した。特に200回、なるべく長いイニングを投げること。それを先発における自分の役割として課し、安定的に長く投げるためにはどういうピッチングをすべきか、トレーニングをすべきかを逆算していった。

そして何より、先発という役割に対して強いこだわり、プライドを持っていた。中継ぎだろうが、敗戦処理だろうが、抑えだろうがその思いは変わらない。「中継ぎは先発のしんどさがわからないだろう」「先発は抑えの過酷さがわからないだろう」「敗戦処理の評価は低すぎるだろう」。そのポジション、ポジションで強いプライドを持つことが、僕にとって大きなモチベーションになっていたわけだ。

そのせいで批判を浴びたこともある。

2013年のワールド・ベースボール・クラシック。僕は出場をしていなかったのだが、このとき先発という「場所」を与えられていた（田中）将大が打ち込まれ、「中継ぎ」へと役割を移すことになった。それを、メディアはこう書いた。

「マー君、中継ぎ降格」

当時の僕は中継ぎだった。そこにプライドを持っていたから「降格」という言葉に、腹が立った。それで、Twitterに「中継ぎに降格？　降格ってどういうことやねん！」と書いた。中継ぎが下に見られている、と思ったのだ。

同意してくれた人も多くいたが批判もあった。それは、過去に僕が、中継ぎを軽視するような発言をしていた、という理由からだった。記憶にはなかったのだが……、そういうことがあったのかもしれない、と思えた。というのも、書いてきたように与えられた場所に対してプライドを持つことが僕の気質で、それはいつだって他の「場所」に対して負けてたまるか、という感覚だったからだ。

もちろんのこと、中継ぎを軽視したり、先発を重視したり、という思いはない。

こうした「場所」にプライドを持ち、与えられたタスクを追求しようと思えるようになったのは、ボルチモア・オリオールズでの「経験」が大きい。

長年の夢だったメジャーリーグ。ジャイアンツかアナハイム・エンゼルスかに悩んだ大学4年生から数えて11年、ようやく僕はそこに立った。ジャイアンツ時代は2007年こそ「抑え」をやっていたが、基本的に「先発」として勝負したいという思いがあった。だからメジャーでも、まずは「先発」でという気持ちが強かった。

1年目のシーズンは、12試合に先発し2勝4敗。6月末には右ひじの靭帯を損傷しそのシーズンを棒に振った。契約の最終年となる2年目、監督に呼ばれ「中継ぎとして考えている」と言われた。

それまでは「先発」という場所にこだわりを持っていた。周りも僕の言動をそういうふうに見ていていただろう。そもそもこの「中継ぎ」転向は、適正があるといったポジティブな理由より、先発は無理だ、という烙印《らくいん》を押されたようなものだった。

悔しい、なんとか先発で見返す。――とは、ならなかった。

冷静に自分に問い直す。どうしたい？　目標はなんだった？

メジャーで投げたい。

僕はメジャーで投げたかったのだ。ここで中継ぎ転向にNOと言えば、先発はできるけれどマイナー落ちである。そう考えれば悩むポイントなんてなかった。目標に対して、まだ「与えられる場所」があるのだ。

そこからの起用は少なからずフラストレーションもあった。大差で負けている試合に投げるのは気持ちいいものではない。もっといいところで投げられるように、その与えられた場所でプライドを持った。「先発」にはわからないしんどさ、難しさに触れるたびに、彼らに負けてたまるか、という思いになったし、3人で終わらせてやろうと結果にこだわるようになった。

間違いなく、「与えられた場所」をまっとうできたと思っている。その思いこそが、次の「結果」への道を示してくれた、とも。

敗戦処理であってもプライドを持つ

――「経験」を乗り越えるために考えてきたこと②

嫌なポジションの経験は必要なのだろうか？

中継ぎ転向は、このあとの人生の大きな転機となった。

この年以降、一度も先発のマウンドを踏んでいない。

だからなのか「どうして受け入れることができたのか？」とよく聞かれた。質問してきた人は野球界の人ではないことが多かったから、自身と重ね合わせたのかもしれない。こういうイメージだろうか。

僕が社会人として会社勤めをしていた。その会社なり業界で実現したいことがある。ある部署で大事な任務を与えられたけれど、結果が出ず違う任務でやってくれ、と上司から言われた。

この状況で嫌ですと言えるだろうか。仲間でもある上司の命令だし、結果が出ない自分に責がある。そのうえで、自分が目標にしていたことは何か、と考えたら、僕はその部署にいたい。まだまだやりたい、という思いだった。

だから、すごくシンプルだ。

違う任務になるかもしれないが、そこでどう頑張るかを考えないといけないと思った。

先に書いた通り、先発で投げることではなく、メジャーでやることが僕の目標だった。メジャーでプレーできるのであれば、そちらが「やりたいこと」であり「目標」だったのだ。

ただ、このときの僕のように「先発」をあきらめる必要はないと思う。先の例で言えば、もう一度、やりかった任務に戻るぞ、という気持ちを持つことまでを否定しない。僕自身、現実的ではないが「先発もやってみたいなあ」という気持ちはあった。

僕の場合、自分の体で先発はもう無理だな、という思いがあった。自分のことを知るほどに、先発では持たない。それが僕の判断だった。

いずれにしても、「与えられた場所」をまっとうすることこそが、経験をものにするために唯一できることだ。新しい任務にまい進すること、そこで認められて「先発」を取り返す、新たな場所（中継ぎ）で確固たる地位を築く。

一番ダメなのは、やりたいことができない、と腐ってしまうことだ。

そして、こうした判断をしていくときに行き着くところは、ここまで書いてきたような考え方ができるかにかかっている。

自分を知ること。

目標は何だったのか。メジャーで投げることか、それとも先発ピッチャーとして生きることか。

では、先発ピッチャーとしての能力はどうか。体はどうか。

いま、通用しないとしたら、どうすれば通用するのか……。

楽しめているのか？

環境のせいにしていないか？

そうやってしっかりと考えて決めたのであれば、どんな結果であれ後悔のないようにやる意思を持つだけだと思う。

「やりたいこと」から逆算して必要性を考える

――「経験」を乗り越えるために考えてきたこと③

新しいポジションに慣れないときのステップとは？

2010年。ボルチモア・オリオールズに所属して2年目、「中継ぎ」という場所を与えられて臨む初めてのシーズンは、キャンプから「初めての経験」の連続だった。オープン戦では、先発ピッチャーが重視されることを肌で感じた。

例えばこんなことがあった。

登板の予定だった日、当初は「5回から1回を投げる」というニュアンスを伝えられていたので、登板予定から逆算してストレッチなど体を動かし始めた。すると急にピッチングコーチがやってきて「6回から」と言われた。気を取り直してそのつもりで準備をしていると、またコーチがやってきて「先発ピッチャーに球数をもう少し投げさせたいから7回に変更だ」。

結局この試合で僕が投げたのは9回。しかも打者ひとりだけ。

オープン戦とはいえ、気持ちはもちろんのこと、まず体を試合に向けて作っていかなければいけない。ストレッチや軽めのトレーニングに投げ込み。この試合は同じことを何度も最初からやり直した。想像以上に大変な役割だ、そう思わされた。

初めての場所を与えられたこの2010年を少し振り返ってみる。

まずキャンプ中に（悩まされ続けてきた）肉離れになり、故障者リスト入り。開幕に間に合わなかった。調整自体は順調に進められていて、いつもならある肉離れの予兆もなかったから、かなり落ち込んだ。

リハビリ先は、前年に靭帯を損傷したときに通い続けたルーキーリーグの施設だった。ここは、メジャーの施設としては想像を絶する場所だった。エアコンもなく、シャワーのお湯も出ない。そればかりかトイレには蛆《うじ》がわいていていてひどい臭いだった。そこに、また逆戻りだ。

開幕を迎え、チームの状態もひどかった。なかなか勝てず、遠い場所で試合をするチームのスコアを見るたびにため息が出た。俺は、何してんねん……。

中継ぎから始まる初めてのシーズンであり、契約最終年。メジャーに来てから結果を何も残せていないし、契約してくれたボルチモアには何ひとつ貢献していない。あの頃は、リハビリをしながら本当にずっとイライラしていた。

なんとか気持ちを前向きにしようと、いろいろと試した。丸刈りにしてみたり、休みの日には海に泳ぐわけでもなく行ってみたり、そこを勝手にパワースポット認定してみたり……。一瞬のリフレッシュにはなるけれど、悩みの種はマウンド、自分自身にあるわけだ。そこでしか解決されない。

リハビリを始めて約1カ月。シーズン復帰にむけて、一番大きな壁になっていたのは「怖さ」だった。投げる怖さである。肉離れは問題がないところまで回復している。ただ、全力で投げることに対して「またケガをしてしまったらどうしよう」という恐怖心があり、それが拭えないと前に進めない。

ルーキーリーグ、2A、3Aとステップを踏み、結果は順調に出ていた。でも心の中にある「怖さ」は変わらない。

結局、その気持ちが拭えないままメジャーに合流することになる。1カ月以上離れたチームは、開幕から大きく負け越す厳しい状況だった。

そして、初登板は昇格当日。しかも、2対0の僅差で勝っている8回だった。まさかいきなりこんなしびれる展開で起用されるなんて、と驚いた。センターフライ、ファーストゴロ、三振と3人で打ち取ることができチームも勝利。ほっとした。

こうして結果が出たことで、持っていた不安というのは薄れていく。またマイナーとメジャーでは気持ちの入り方が違ったりする。舞台がプラスαの力をくれるのだ。

心理面はいろいろな要素に左右されるから一概には言えないが、「怖さ」を拭ってくれたのは、そうしたメジャーという環境（舞台）であり、抑えたという結果になる。

この後、中継ぎで6試合投げた3週間後、僕は再び故障者リスト入りすることになる。前年に痛めた右ひじの炎症だった。中継ぎは、投げない日でも試合に備えてブルペンでピッチングをする。ケガの翌年ということもあって連投には気を付けるようにしていた。しかし、ブルペンでの準備をしないわけにいかない。

3日連続で肩を作ったにもかかわらず登板がない状況になった5月末。右ひじに腫れが出た。翌日からブルペンを回避するようにしたが、この腫れが引くのか、引かないのか、明日の状態すら読めない状況だった。毎晩、「明日、腫れが引いててくれ」そう祈りながら眠りについた。

結局、腫れが引かず故障者リストに入り再び1カ月チームを離れることになった。フラストレーションばかりが溜まる日々だった。

ようやく6月末に復帰し、その後はある程度のピッチングができた。チームの成績が芳しくなく監督の交代があったことも相まって、終盤にはクローザーという新しい場所も「経験」することができた。

とにかく日々新しい「経験」ばかりでしんどかった。

でも、――当時はなかなかわからなかったけれど、そこで「経験」できたことはその後の糧になっている。例えば、さまざまな場所を与えられていくと、自分なりにその場所の気持ちの持ち方みたいなものが見えてくる。中継ぎとして僕が想定し始めたのは、こんな感じだ。

① 敗戦処理はとにかく3人でテンポ良く終わるように投げる。

② セットアッパーは勝ち越されないように投げる。

③ クローザーは同点にならないように投げる。

大きく負けている①のようなときは、中盤のピッチャーがフォアボールを出したり、先頭バッターにヒットを打たれたりしていると、試合がより中だるみしていき、チームの雰囲気が一層悪くなってしまう。そうすると評価としては最悪なものになる。セットアップ、クローザーと勝利に近いところで投げるピッチャーとして起用してみよう、と首脳陣に思ってもらうことができない。

②③のセットアッパーやクローザーは、点を取られないにこしたことはないが、毎回0点に抑えられるほど甘くもない。だから、②のセットアッパーは点を取られても勝ち越されないように投げる、つまり同点までは最悪よし。

一方③のクローザーは同点にされないことが最大のミッションだ。3点差で登板して1点差まで追い込まれてしまってもそこで止めること。

こんなふうに思えるようになってきた。

初めての「経験」にしんどさはつきものだ。不安も大きい。ただ、「結果」を求め続け、自分なりの役割が見え始めると、視界が開けてくるように思う。

結果や舞台が自然とステップアップさせてくれる

――「結果」を出す場所で重要なこと①

実力がある、ないはどうすればわかるのか？

経験をしたら、結果を求める。二軍から一軍に上がれば、結果がすべてだ。

では結果を出すためにどう考えていくべきか。ここからは「結果」に対する話だ。

まず、「結果」はコントロールできない。最高の球を投げても打たれることはあるし、失投で打ち取れることもある。だから、大切なことはその「結果」をどう捉えるかということである。

最高の球を投げて打たれた。「もう俺は通用しない」とあきらめるのか「レベルアップしなければいけない」と自分を鼓舞するのか、あるいは「相手はなぜ打てたのか」分析をするのか。

失投で打ち取れた。「よっしゃ、ラッキーだ」と思ってそのままにするのか「失投を減らすために努力しよう」と研鑽を積むのか「なぜ、失投なのに打たれなかったのか」と分析をするのか。

結果における受け止め方は千差万別だろう。そのどれも否定しないが、結果を受け止めない限りは、結果を出す、という最大の目標に辿り着かない。それだけは確かだろう。

その中でまず心に銘じてほしいことが、「実力は第三者が判断する」ということである。結果が出ないと、不満が溜まっていくのは当然だ（第1章を読んでくれていれば、想像しやすいだろう）。そこで、ついこう思ってしまうことがある。

あの場面で投げたからうまくいかなかった。

もっと早く準備させてもらえれば、抑えられた。

僕自身だって、そういうふうに思うことがある。もし一軍で投げるチャンスをもらえれば勝利に貢献できる、そう思っていた。

つまり、実力はあるのにそれを発揮できなかった、チャンスをもらえなかったといった具合に、考えてしまうのだ。でも本当にそうだろうか。

残念ながら、チームに所属している以上、その実力を判断するのは第三者である。自分ではできると思っていても、実際にその判断をするのは監督やコーチであり、自分ではない。だから一軍で投げられなかったことに悔しさがあっても、その判断には納得している。それは僕の役目ではないからだ。

プロの世界は、第三者に判断されることが多い。だからその評価を受け止めることにはずいぶんと免疫がついた。コントロールできないものとして受け入れるようになったのだ。契約交渉なども同じだった。メジャーデビューが遅かった僕は、前年にどんな良い成績を残そうとも、つねにシビアな評価を下された。同じくらいの成績を残している選手と比べて、契約年数や金額が低いのは当たり前で、その場で言われるのはいつも年齢だった（一方で、年齢で見れば僕が評価された数字は、かなり高いものとも言えたのだけど）。

こうした「経験」を経て、絶対に見返してやるという思いを持つことができた。でも、その数字に対して不満を抱いて前向きになれないということは一切なかった。実力、結果……さまざまなものを含めて、その判断を自分でしてしまうと、いつかフラストレーションが爆発してしまう。コントロールできないものにいつまでも悩んでもしょうがないのだ。

そこで受けた評価に対して、悔しい思いがあればそれをモチベーションに変える。もちろんうれしい評価も同じだ。自分で自分を評価していては前進しない。

他人の評価を受け入れる

――「結果」を出す場所で重要なこと②

タイトルを獲った、どう捉えていた？

結果に対する考え方はその選手の成否を分けると言っても過言ではない。

僕は自己評価は低めがいいと思う。

タイトルを獲った、10勝した、そうした成績などは目に見える結果ではあるけど、実力とつねにイコールとは限らない。10勝分の働きをチームや監督・コーチが認めているか。ファンが拍手をしてくれているか。そういったことを頭に入れておく必要がある。

自己評価を低くするのは、そのためだ。

実際、高く評価をしてしまっていいことはないように思う。自信を持つことがないので想像をするしかないのだが、高く見積もってしまえば高飛車になり、足元をすくわれてしまう。過信をして、次に取り組むべきステップを間違ってしまう可能性だってある。

もちろん、自分を鼓舞するためにそういう考え方をするのであればいいのかもしれないが……、それにだって他に方法があるように思う。どうしても自己評価が高いメリットは想像しづらい。

そもそも「自分を知る」こと（第2章を参考にして欲しい）ができていれば、自己評価が高くなることはほとんどない。自分の体、自分の技術、自分のメンタリティ……知れば知るほど、足りない部分が見えてくる。そして何をするべきか、取り組むべき課題がはっきりするはずだ。それはいい結果が出たときも同じだ。

まだここが足りない。ライバルに負けている。あいつはもっと練習している。

そういう思考は、不安ではあるが、自分をかき立ててくれる原動力になる。どうすればそれを補うことができるか。ライバルに勝つことができるか。はっきりとした輪郭が見えてくるものだ（ちなみに僕がよくライバルにしていたのは、カブレラだ。ウエイトトレーニングなど、しんどいラスト1回で大声で「カブレラー!!」と叫びながらウエイトを持ち上げていたものだった）。

話が逸れてしまうが、僕の場合はそれがゆえにやりすぎる傾向があった。

不安が常にあり、長い期間休むことができないでいたし、体を動かしたくなってしまう（それも始まってみれば、なんでこんなにきついことを毎日やっているんだ、と思うのだけど……）。この練習だけでは勝てない。まだやれる。もっとやる……。

そしてオーバートレーニングになり、ケガをする。

メジャー2年目に入る自主トレから個人トレーナーに帯同をお願いしたのだが、彼が初めて僕についたとき、「上原さんのトレーニング量は、コップ一杯に水を張っているのに、まだそこに水を注ごうとしています」と言っていた。

だから、それをストップしてくれる役割の人が必要だった。以来、そのトレーナーがついてくれて、「やりすぎです」と注意してもらうようにしていた。

これもまた、「自分を知る」ことができたうえでの判断でもある。

なんにせよ、結果はあまり過大に捉われないことが大事だと思う。何勝した、何敗した。もちろん気にはなるが、すべて過去の結果だ。

その結果が明日以降の自分にどういう課題を提示しているのか。そうやって次へ次へと考えていく中に「結果」を位置づける必要があるはずだ。その点で、課題を覆い隠してしまう、あまり高すぎる評価は禁物のように思う。

自己評価は低めに設定する

打たれた、その批判に対しての向き合い方とは？

――「結果」を出す場所で重要なこと③

入団1年目から、自分なりの調整方法をさせてくれたジャイアンツにはとても感謝している。あの頃、僕にとってもっとも結果が残せる形は、ブルペンに入らず、前半戦は120球という球数を設ける、ということだった。

ブルペンに入らない異例調整。

メジャー入りのために肩を温存。

そんなふうにメディアに書かれたこともあったけど、僕からすれば結果を残すために必要なことをやっていて、その中にブルペンがなかっただけだ。実際、2年目以降はブルペンに入って調整をしている。

ピッチャーの調整にはブルペンでの投げ込みが必要。

こうした常識のようなものは、いくつもある。それは、経験に裏打ちされたひとつの方法で、試すに値するとは思うが、それだけが方法だとは思わない。

繰り返しになってしまうが、大切なことは結果を出すことであり、それまでの過程は人それぞれ違う。正解というものはこと野球に関してはないのだ。

当時から僕はウエイトトレーニングをかなりやっていた。いまでこそ誰もが取り組むトレーニングだが、あの頃は、ピッチャーがウエイトトレーニングをすると、余計な筋肉がついて肩が回りにくくなる、などと言われ、否定的な意見が大半だった。個人的には、もっと取り入れればいいのに……とは思っていたが、周りの選手からすれば、常識外れであり、必要のないことだったのだろう。

僕らはプロフェッショナルである。

結果に対して責任を持つ。

打たれたら、いままでやってきたことが間違っていた、と言われても仕方がない。だからこそ、結果を出すためには何が必要か。プロフェッショナルとして考え、取り組み、ときには常識とは違っても、取り組む勇気が必要だ。

シーズンに入るまでのアプローチもそうだ。

プロ野球、メジャーリーグどちらであっても、シーズンに入るまでの順番は同じだ。キャンプがあり、オープン戦を経て、シーズンが開幕する。どこが大事かといえば、シーズンがすべてである。選手はシーズンの結果に大きな責任を負う。もちろん活躍すれば、そのぶん評価をされ、給料だって上がるだろう。

では、キャンプでの調整はどうだろう。

オープン戦の成績は?

そこでの結果に、僕はあまり価値がないと思う。

中日ドラゴンズの監督を務めていた落合博満さんは、オープン戦でバッターボックスに立ち、一度もバットを振ることなく打席を終えることがあった。結果は見逃し三振だ。最悪である。

でも、そこには落合さんなりの意図があったのだろう。「球筋を見たい」「感覚をつかみたい」など、その真意はわからないが、結果をとがめる人はいない。

こうした行動は、落合さんクラスの超一流であれば許されるが、それ以外の選手、特にピッチャーなどは許されない風潮がある。オープン戦ですら結果を求められるのだ。

野球ファンの方は、オープン戦での登板で失点をしたピッチャーに対して「開幕に不安を残す」といった報道をよく目にするのではないだろうか。こういう指摘は1、2年目の選手ではなく、エース級の選手たちに見られる。

でもよく考えてほしい。

選手たちはシーズンで「結果」を出すためにやっている。その過程であるオープン戦では、シーズンのための準備として課題を持ってマウンドに上がっているはずだ。

例えば僕は、今日はフォークを投げない、と決めて臨んだこともある。ストレートとカットボールだけでどこまで投げられるか。バッターの反応は、その感触はどうかということを知りたいからだ。だから、オープン戦のほうがキャッチャーのサインに首を振っていたと思う。

打たれることもあったし、失点することもあった。でもそれを試すことができるのが、オープン戦で、それはつまり「結果」云々ではなく、「結果」を出す前段階であるからだ。

それなのに、オープン戦で「抑えた」「打った」ことばかりが指摘されるのはあまり好きではない。特にメディア、報道のプロに対してはそう思う。

もちろん打たれたら不安にもなるし、周囲の評価も不安定なものになる。それはわかるのだが、だとすれば、しっかりとその後の取材で「今日の試合の意図は」ということを聞いて、そのうえで書く内容を判断すべきである。

と、メディアに対する要望になってしまったけれど、言いたいことは「結果」を出すために必要だと思ったことは、どんどん試していくべきであるということ。批判をされても結果を出す過程にあるならば気にし過ぎる必要はない。

例えば、キャンプやオープン戦で調子が悪いとシーズンも結果が出ない、というような風潮、常識みたいなものがあるけれど、それに惑わされる必要はない。オープン戦でいくら抑えようとも、選手の価値は上がらないし、それはキャンプでいくら調子が良くても同じだ。

どこで結果を出すべきかをしっかりと確認をする

どこで結果を出すべきか。

それを考えたとき、常識とは違っていても、それがいいと思うのであれば積極的にやってみるべきだ。プロフェッショナルなのだから。

結果を出すべきときに出せなかったら？

——「結果」を出す場所で重要なこと④

結果を残し続けなければ、一軍に定着できない。だから、結果が大事だ。

でも、何度も指摘しているとおり、結果は自分でコントロールできない。

良い結果が出ればいい。自分を知り、過信さえしなければ、前に進んでいける。

では、悪い結果ができたとき、どうするのか。

シーズンに入ると、日々「結果」が出てしまう。特に悪い結果は、モチベーションの面でも悪影響がある。

シーズン中は、日々が「NewDay」と強制的に切り替える。打たれた選手の名前を、車の中で大声で叫ぶ、などリセットする方法を書いてきた。切り替え方法は自己流でいろいろと見つけていくしかないのだが、究極のことを言えば、結果は結果で返すしかない。

だからこそ、日々できることをやる。

当たり前のことだけど、その当たり前が難しい。

2013年、僕にとっては最高の成績、最高の経験ができたシーズンだった。

ボストン・レッドソックスに移籍して1年目、中継ぎ、ときにセットアッパーという役割を与えられシーズンが開幕した。開幕戦から登板し、そこから4月21日まで8試合連続で無失点。第2章にも書いたが、テキサス・レンジャースに所属していた前年から数えて22試合連続無失点だったという。

こうした数字に見える結果は励みにはなるが、内容が伴っていなければあまり意味を持たない。というのも、この登板の間、つねにいいボールが投げられていたかといえばそうではなかったからだ。

4月10日のボルチモア・オリオールズ戦。7回2アウト1、2塁の場面で登板した僕は、そのあとのバッター（アダム・ジョーンズ、オリオールズの主砲だ）に打たれ、決勝点を許した。僕の自責点ではないから記録は継続だ。けれどチームには貢献できていなかった。何が悪かったか、その日のうちに確認し（このときは2アウトからの登板で早く終わりたいというメンタル的なものと、初球の入り方、特にコントロールだった）、結果は終わったこととして受け入れる努力をする。

その次の登板は、タンパベイ・レイズ戦。1対1の同点の9回、ノーアウト1、2塁からだった。緊迫した場面だったが、三振とふたつのフライで終えた。10回裏にサヨナラ勝ちを収めたことで、チームメイトからは「今日のMVPだ！」と称えてもらった。

結果が良くなかったあと、それを最高の結果で覆す。むしろ、結果でしか自身も評価もその失敗を取り戻すことはできない。

この試合の僕は、「打たれたら仕方ない」とある意味で開き直っていた。やるべきことをやっていれば、そういう境地になる。

結局、都合良く試合だけ結果を出す、なんてことはできない。できるのかもしれないけれど、僕はその方法を知らない。

日々、積み重ねてきたことが出るのが結果なのだ。

そういう意味で、結果を結果で返すという思いに至れないのは、その前の準備、考えが足りないと言える。

結果で返せないのは過程に準備不足が潜んでいる

――「結果」を出す場所で重要なこと⑤

言い訳は見苦しい?

先の22試合連続無失点が途切れたのが、4月22日のカンザスシティ・ロイヤルズ戦だった。登板は、ダブルヘッダーの2試合目(前日の試合が雨で流れて4月なのにいきなりこういうことがあるのがメジャーだ)。ウェブスターという若手のデビュー戦でもあった。

そのウェブスターはメジャーデビュー初先発という大役に応え、6回を5安打3失点。クオリティースタート(6回3失点以内)というメジャーの先発ピッチャーに求められる仕事をしっかりこなした。試合も4対3で勝っており、勝利投手の権利を持ってマウンドを下りた。その後、7回をタズ(田澤純一)が抑え、1点差のままの8回が僕の登板だった。

試合の流れからいって、最初のふたりがポイントだった。前の試合から調子の良いバッターが並んでいたのだ。

1人目は、うまくタイミングを外せ、フォークで三ゴロ。2人目は、ファストボールでセンターフライ。ポイントのふたりを抑えてはいたが、ちょっとコントロールがうまくいかないイメージとボールが滑る感覚があった。

そして3人目、ストレートをホームラン……。

その後、ヒットを打たれたものの5人目のバッターを三振に打ち取り同点のままで攻撃につなげることができたのだけど、延長戦の末、チームは負けてしまった。

ウェブスターのデビュー戦。奮闘してくれたのに、ベテランの自分がその勝ちを消してしまったことに申し訳ない思いだった。

この日は、どの球種も納得のいくものではなく、結果と合わせて反省すべきところがいろいろとあった。

ただ、落ち込んでいる場合ではない。しっかり切り替えるためにも、リセットしなければいけない。その方法をいくつか書いてきたが、この日は「今日は疲れていた」と言い訳を作った。ダブルヘッダーで、1試合目も僅差で推移していたから、肩を作り登板に備えていた（いつも思うのだけど、ブルペンで鳴る登板を予告する電話。あれはもう少し優しい音楽にならないだろうか。びくっとして緊張感が増してしまう（笑））。結局、投げることはなかったけど、それなりの疲労はある。

そのせいだ。仕方がない。切り替えて明日だ。

そう言い聞かせていた。コントロールできない結果に対しては、そうやって言い訳を作って前を向くことも必要だと思う。

言い訳はつねに作っておく

「同級生」対談 2

×高橋由伸

「由伸が監督じゃなかったら、
復帰はなかった」

高橋由伸　Yoshinobu Takahashi

1975年4月3日。千葉県生まれ。桐蔭学園高校では1年からレギュラー、1年、2年のときに甲子園に出場。慶應大学へ進学し、全試合出場、日米大学野球の日本代表チーム4番バッターもつとめた。1998年、長嶋茂雄監督率いる読売巨人軍に入団。1年目からスタメン入りし、新人外野手初のゴールデングラブ賞を獲得するなど、レギュラーとして活躍。その後もジャイアンツの主軸として1753安打、321本塁打を放つ。2015年10月に現役引退と監督就任を発表した。2018年は上原浩治を獲得。この年で監督辞任を発表した。現在は解説者、読売ジャイアンツ顧問。

何度会ってもいい男。何度嫉妬をしたことか……（笑）。

大学の日本代表で初めて出会ったスターは、僕よりたくさんの経験をいま、積んでいる。監督を3年。今年は解説もしているという。

由伸がいなければ、上原浩治はなかったと言ってもいいかもしれない。

まったく同じ日に生まれたという偶然。しかも同じ野球をして同じユニフォームをプロとして着ているなんて、なかなかないだろう。余談だけど、誕生日に一緒に空港を歩いていたら、由伸のところに誕生日プレゼントを持ってファンが詰めかけたことがあった。僕は、その横を何も渡されず、歩いていた……。こんな「いい男」に負けてたまるか——その思いは、結構本気でモチベーションになっていた。

ジャイアンツ時代はプライベートでもよく食事をした。監督と選手の関係になってからは、サウナでばったり会うことも何度かあった。疲れが取れにくい中年になった僕らは、行動パターンが似ていたのだろう（笑）。あの時間は、監督と選手ではなく、友人として過ごせた、忘れられないものだ。

やっぱり由伸はユニフォームが似合う、と思う。悔しいことに、何を着てもカッコいいけれど、対談をしてそう思った。

個性派集団のジャイアンツで切磋琢磨

高橋 最初の接点は、大学3年生のときだったかな。岡山で全日本の選考合宿があって。正直、上原のことは知らなかったけど。

上原 俺は知ってたよ。慶應の高橋って言ったら1年生のときから有名やったし。

高橋 会う前に参加者のプロフィール一覧を見て、コイツ同じ生年月日なのになんで2年生なんだろう？　って（笑）。

上原 たしかに（笑）。生年月日が一緒なのは俺も見ていて、すごい興味あったわ。

高橋 なんか不思議な感じがしたよね。

上原 実際会ってみたら、同じ日に生まれたのにこんなに違うんかと。ちょっと親を恨んだね。

高橋 いやいや、それ関係ないでしょ（笑）。

上原 外見がいいから中身は悪いんかなと思ってたけど、中身も全然良かった。

高橋 でも、実際そのときはあまり話してないよね。ピッチャーは練習別だったし。

×高橋由伸

上原　よく話すようになったのは、その1年後にインターコンチネンタル杯でスペインに行ったときかな。由伸はすでにその頃ドラフトの目玉だったよね。スカウトも来てて、すごいなぁって。

高橋　その後も東京と大阪で離れてたから、仲良くなったのはお互いプロに入ってからだね。

上原　由伸や（川上）憲伸が1年先にプロに入って活躍する姿を見て、俺もプロでやりたいって気持ちが芽生えたね。しかもふたりは新人王争いをしてたし。他にも、学年は上だけど坪井（智哉）さんとか、全日本で一緒だった人が活躍していたのは刺激になった。1年遠回りしてる分、余計に。

高橋　自分もプロで十分やれそうだなと思ってたでしょ。

上原　それはない（笑）。

高橋　憲伸のことで言うと、俺はそこまで意識はしてなかったんだよ。野手は毎日試合に出るから、正直アイツばかりを意識しているわけにはいかないから。でも、憲伸は星野（仙一）監督にキャンプのときから「高橋由伸を抑えて新人王獲らなあかん」って強く意識づけさせられてたんだって。

上原　へぇ〜。

高橋　憲伸と俺の差が出たのはそこだな。

上原　結局、1年目は憲伸相手に全然打てなかったんだっけ。

高橋　1本しか打てなかった（笑）。意識してなかったのに、いざ憲伸と対戦するとなるとまわりがいろいろ言うんだよね。

上原　特に打てなかったりすると、なおさらね。

高橋　そう。憲伸に対してライバル心はなかったけど、刺激にはなったかな。上原が入ってきたときも、アマチュア時代に1回か2回しか後ろで守ったことはなかったけど、すごいピッチャーだと思ってたよ。でも、プロ初登板は負けたんだよね。

上原　負けた！　阪神戦。

高橋　実際プロに入ってきて、やっぱすごいなぁと。20勝したから言うわけじゃないけど、普通に勝つだろうなと思った。まぁ、あんなに勝つとは思わなかったけどさ（笑）。

上原　誰も思ってへんよ（笑）。

高橋　ケガさえなければ1年しっかりローテーション守れるだろうなって。プロ入り前も、ジャイアンツに来たらいいなと実は思ってたんだよね。

上原　俺は最初に「巨人に染まりたくない」って公の場で言うてもうたからな。若かったねぇ、あの頃は（笑）。でも、実際は槙原（寛己）さん、斎藤（雅樹）さん、桑田（真澄）さんとか、とんでもない人ばかりでビビってた。由伸がいてくれて心強かった。

高橋　当時からよく一緒にご飯も行ったね。遠征に行くと、だいたいいつも一緒。

上原　誕生日もお祝いしてね（笑）。

高橋　そうそう。

上原　あの当時で強烈に覚えてるのが、俺が1年目のときに由伸がナゴヤドームのフェンスにぶつかって鎖骨を骨折したことかなぁ。あとは、ライナーをダイビングキャッチしていつも股間に当ててた（笑）。ちゃんと捕ってくれるからしっかり覚えてるわ。

高橋　俺は、上原が入った年に横浜（ベイスターズ）がめちゃくちゃ打っていて、そんなチームを相手に2時間で試合を終わらせたのがすごく印象に残ってる。あれ、8時に試合終わったよな。

上原　そのくらいで終わったな。

高橋　1点くらい取られた？　6対1かな。そんな試合が2時間で終わるという（笑）。

上原　あの後、テレビ中継が終わって『三冠王伝説』やってたな（笑）。

高橋　とにかくテンポが良かったね。上原のリズムの良さの象徴のような試合。やっぱり投球のテンポは打撃にも影響するからね。ちゃんと抑えても点を取ってもらえないピッチャーっているでしょ。

上原　いるね（笑）。俺はリズムとかテンポって全然意識したことないんよね。でも結局、球種が多いピッチャーはリズムが悪い。俺は球種がないから次の球をすぐ決められる。あと、たくさん勝てたのは野手がみんな打ってくれてたから。5、6点取ってくれるから、先発のときは自分の中で3、4失点はOKだと思ってた。

高橋　3、4失点もするとは思ってなかったけどね。だって15連勝とかしてたでしょ。

上原　でも、あんだけ勝っても完封は一度だけだからね。9回にパコーンと一発打たれて完封がなくなるのが俺のパターン。

高橋　それも上原らしさだね（笑）。

ジャイアンツで培ったプロとしての在り方

高橋　当時は、（高橋）尚成とか岡島（秀樹）とか、同級生が結構いたんだよな。まぁ、どこのチームも大学、社会人からの入団もあって26歳から28歳あたりが一番人数が多いから、そのくらいの年代が一大勢力になるんだけど。

上原 それで、30歳手前くらいになるとだんだん減ってくるっていう……。

高橋 そうそう。でもホントにみんな、めちゃくちゃ個性的だった。

上原 それが良かったと思う。

高橋 まさにプロ集団って感じだったね。

上原 いまの子たちは、正直あんまり個性がないような気がするなぁ……仲良しこよしでやってるからね。楽しいんかな？

高橋 自分を出すところが俺らとはちょっと違うね。変に気を使っていたりとか。もちろん気を使わないといけないところもあるけど。

上原 いまのジャイアンツでいうと、年代的に価値観が近いのは（阿部）慎之助くらいまでかなぁ。もろに個性そのものだからね、アイツは。まさにああいう感じが、俺らが若かった頃のジャイアンツ。いまだったらちょっと浮いちゃうのかなぁ。

高橋 まぁ、どの時代もそういうものだから。俺らだって、斎藤さんとか村田（真一）さんとかひと回り以上年上の人からは「コイツら何か違うな」と思われていただろうし（笑）。

上原　そうやろね。特に松井（秀喜）さんとかね（笑）。

高橋　一番謎な人（笑）。

上原　でも、裏表がない人。

高橋　ないね。

上原　松井さんは食事とかを連れていってくれるけど、いい意味で周りとつるまないよね。

高橋　そうそう。というか、俺らの年代の選手はみんなわりと一匹狼だったんじゃない？

上原　うん、マイペースというか、自立しているというか……。俺は同じチームがみんなで一緒に自主トレとかちょっと考えられないんやけど。昔はそういうのなかったよね。

高橋　よく言えばライバル心が強かったのかな。まぁ、みんな自分勝手だから自分のペースでやりたかったんだろうね（笑）。

上原　それはある。投げたいときに投げたいし、走りたいときに走りたい。周りに合わせるのはイヤ。

高橋　それプロ入ってきたときからそうでしょ。ブルペン入れって言ったって入らないし。

上原　入らない（笑）。

高橋　とにかく、自分のペースでやりたいんだよね。でも、普段からそういう考え方だからひとりでもさびしくないし、不安にもならない。ブルペンに入らなくたって、グラウンドで結果を残せばいいんだよ。プロは自己責任なんだから。自分の成績を残すことが、自然とチームにとってプラスになるっていう考え方。

上原　まずは自分のことに必死にならないとね。それがチームの勝ちにつながる。

高橋　僕らの時代はみんなそういう考え方だったんだけど、いまはどうしても「チームのために」と言わないといけない風潮がある。それも可哀想なんだけどね。「自分のためにやります」と言っても、それは別に「チームのためにやりません」っていう意味じゃないんだけどね。

上原　先発ピッチャーなんて、勝ち投手になればチームのためになるわけやからね。週に1回のチャンスに、どれだけ勝ちをつけられるかを考えればいいだけ。

高橋　結局、与えられた仕事をきっちりできるかなんだよね。

予想していなかった〝まさか〟の再会

高橋　メジャーに行きたいって、ジャイアンツ時代からずっと言っていたよね。

上原　してたね。

高橋　俺は、目指すところは人それぞれでいいと思ってた。でも、ポスティングシステムのこととかでごちゃごちゃ言ってたから、「自分でジャイアンツ入ってきたんだからしょうがないだろ」って言った覚えがあるな（笑）。

上原　もう、正論言うから腹立つねん。何も言い返せないし（笑）。

高橋　周りはみんな「そうだよな、行かせて欲しいよな」って言ってただろうけど、そればっかりだとよくないだろうと思ってね。誰かが事実をちゃんと伝えてあげないと。

上原　俺はすぐ口に出して言っちゃうからなぁ。いつもそれで損するタイプやねん。

高橋　でも、決められたルールの中で、権利を勝ち取ってメジャー行きが決まったときは、本当に心から応援する気持ちだったよ。日本を離れるさびしさはなかった？

上原　全然なかった。ジャイアンツもちょっとは引き留めてくれるんかなと思ったら、まったくやし（笑）。

高橋　アメリカ行ってからは、オフくらいかな、連絡してたのは。

上原　そうだね、俺が日本に帰ってきたときとか。

高橋　試合はたまに観てたけどね。2013年のワールドシリーズのとき、俺たちも日本シリーズに出ていて、試合前にロッカールームでみんなで観てたんだよ。「すげぇな、世界一のクローザーになっちゃったよ」って。若い選手はポカーンと観てたな。

上原　俺は日本のプロ野球は観てなかったなぁ。個人成績はチェックしてたけど。アメリカから連絡したのって、由伸が引退したときくらいやろ。そっちからかけてくるわけがないから、俺がわざわざ国際電話してな。

高橋　いや、都合がわからないから（笑）。

上原　わかるやろ、時差計算したら。

高橋　いや、やっぱりね、ユニフォームを着ている人には気を遣うんだよ。それぞれ自分のペースとかルーティンがあるから。そういうのを崩したくないからね。だから、連絡したのは誕生日のときくらいでしょ。

上原　その連絡も、いっつも絶対俺からや。「またひとつおっさんになったな」って（笑）。

高橋　まぁでも、確かに引退のときは電話をくれたね。

上原　あのときは報道で知って、電話して「ほんとにいいの？」って。

高橋　俺、なんて言ったかな？

上原　覚えてるよ。「仕方ないだろ」って（笑）。

高橋　テープが回ってないところでは「松井さんのせいだ」って言ってる（笑）。

上原　それ回ってるところでも言ったほうがいいよ。

高橋　松井さんにも「あなたがやらないからでしょ！」って。

上原　もう、ぜーんぶ松井さんのせいにしたらいいよ（笑）。

高橋　まじめな話、俺は引き際をずっと考えていたんだよね。辞めるタイミングってやっぱり難しいでしょ。もちろんやれるだけやれたらいいけど、チームが肩を叩きづらくなっている中で、いかに綺麗に身を引けるかを考えていたから、そのときが来たのかなって。

上原　代打で活躍してたし、もう1年できると思ってたんよね。それがいきなりコーチもせず監督っていう話やったから、大丈夫かなって心配のほうが先に来たかな。見てのとおり優柔不断やし（笑）。

高橋　おい（笑）。正直ね、自分としては現役としてやれることはずっとやってきたし、本当に引退することへの未練も悔いもまったくなかった。それよりも、監督になることに対する不安のほうが大きかったね。選手からすぐに監督になって結果を残した人は決して多いとは言えないから。

上原　アメリカでネットのニュース見てたりしてたなぁ。ジャイアンツなかなか勝ててないなぁって（笑）。やっぱり監督になっちゃうと連絡しづらいよね。忙しくなるから。

高橋　忙しいね。選手とは違った忙しさがある。

上原　ジャイアンツがグラウンドの外でもいろいろあった時期で、由伸はそれを全部引き受けてたからね。

高橋　確かに、いろんな難しさはあったかな。

上原　俺が日本に戻ったのも、由伸が監督で自分が選手ってちょっと面白いなって思った。メジャーからも話はあったけど、もう先も長くないしなぁって。由伸が監督じゃなかったらジャイアンツには戻ってなかったね。たぶんお前は俺のこと要らんかったやろうけど。

高橋　要るかどうか以前に、まったく想像してなかった。報道で「日本球界復帰はない」って断言してたから。

上原　あのときはGM（鹿取）としか話してなかったからね。

高橋　もしかしたら上原がジャイアンツに入るかもしれないってGMから聞いて、「え？そんなことあるの？」って。だけど、若いピッチャーが多かったから、来てくれたら絶対いい刺激になるだろうって心強さはあったね。

上原　最初に「監督」って呼んだときは不思議な感じやったわ。ふたりだけのときはいままでどおりやったけど。俺、結構打たれてたから、球場のサウナで「ごめんね」って謝ったな（笑）。

高橋　俺は、「大丈夫、一生懸命やってるのわかってるから」って（笑）。まぁ、俺にとっては、言いにくいことも言える仲というか。正直、監督をやっていれば愚痴りたいことのひとつやふたつあるからね。ふたりでいると素の自分になれる部分はあったかな。

上原　そういう関係は、監督になっても変わらなかったね。

高橋　上原自身が、昔と全然変わってなかったからね。相変わらず球速もないし。

上原　それを言うな（笑）。

高橋　だって、もともとそういうピッチャーじゃないでしょ。

上原　最近の高校生はみんな俺より球速いし、スピードガンコンテストで俳優さんが俺より速い球投げんねんで。あれ悲しいわぁ。

高橋　ただね、経験値はやっぱりすごいよ。勝負どころは経験に勝るものはないって俺もわかってるから、どうしても頼りたくなる。ＣＳでは大活躍してくれて。山田哲人も空振り三振に抑えてね。

上原　活躍できたの、あれだけやったなぁ。

高橋　あそこで上原というのは決めてたんだよ。ひざが痛いというのは知ってたけど。
上原　ひざの水を抜きながらプレーしてたときか。
高橋　俺たちはさ、痛かろうがなんだろうが、グラウンドに来たらやるというスタンスでずっとやってきたでしょ。そこにいる以上はどんな状況でもやるんだっていう。
上原　そう。むしろ投げさせてもらえてありがたいという気持ち。
高橋　いまの選手たちも、「使われ方が悪いから結果を残せない」とかカッコ悪いことは言わずに、「そこにいたら何がなんでもやるんだ」っていう強い気持ちを持ってくれると、もっと変われるんじゃないかなと思うね。

宿命に導かれたふたりの「これから」

上原　俺は、首脳陣に気を使われているなってわかっちゃって、それが引退の理由のひとつでもあったんよね。
高橋　俺自身は気を使ったことはなかったけどね。でも、他のみんなと一緒かというとそうじゃない。配慮する部分は当然ある。それは上原だけじゃなくて、どの選手にもそれぞれ配慮はするものだけど。

上原　引退のとき、俺なんて言ったっけ。

高橋　電話で、「やめるわ」って。

上原　そんな感じやったか。

高橋　「なんで?」って聞いたら「もういっぱいいっぱいや」みたいな。もうちょっと頑張れよって言ったけど、もう腹を決めたから電話してきたってことはわかってたからね。ちなみに、いま何もしてないみたいだけど、これから何やるの?

上原　うーん、何しようかなぁ……最近、息子は野球を始めたけど。そういえば、日本で議論になってる球数制限、アメリカはすでにルールが決まっているからそこまで厳しくはないんだよね。

高橋　球数制限かぁ。俺はどっちも正解で結局は結果論だと思う。投げさせてケガをしても、投げさせなくて負けても文句を言われるから、現場で教えている人はたまらないよね。周りが少し騒ぎすぎなんだよ。管理者がしっかりするしかないと俺は思うけど。

上原　アメリカの指導って基本怒らない。でも、だから駄目なんだというところもある。集合時間になっても2、3人しかいなくて、挙句の果てにコーチが来ないこともあるし(笑)。

高橋　日本の指導法の良さもたくさんあるんだよね。

上原　日本とアメリカのいいところ取りをすればいいんだけど、アメリカを知っている人が日本には少ないよね。

高橋　じゃあ、ちゃんと日本球界に還元してよ。

上原　そんな気はまったくないですねぇ（笑）。

高橋　いいんだよ、そこは「そうですね」って言っとけば！

上原　誘われればね。日本では、俺みたいにハッキリ物を言うヤツは嫌われるから。ノーと言う人を省くでしょ。でも、ノーと言えるほうが一流やと俺は思うけどね。

高橋　実際に現場を離れてみてわかったけど、現場にいないからこそできることもたくさんあるから、上原も現役時代と同じように思いのままにやっていけばいいんじゃない。

上原　俺は自由人やからね。

高橋　やりたいことを存分にやって、引退後は自由っていうのも夢があっていい。影響力があるだけに、今後のことが気にはなるけど。

上原　ポジションは違うけど、俺は由伸のことをライバルと言い続けてきたからね。生年月日が一緒なのもあるし。由伸は外見がコレやから、これからも負けたくない！

高橋　また、そればっかり言ってる。

上原　思い出した……誕生日に遠征から帰京して、羽田空港で女の子たちにプレゼントもらうのは由伸ばっかりで、俺は素通りやった。もうそんなんばっか。また由伸が監督になったら解説やってボロクソ言うたるわ（笑）

高橋　それが世界一のクローザーのモチベーションだったわけでしょ（笑）。

上原　まさに原点だね。

高橋　雑草魂の原点になれたことは光栄だね（笑）。

上原　これが同じ生年月日の宿命かぁ。

高橋　そういう人と出会えるってのも、お互い運があるよ。

上原　なかなか出会えないからね。とりあえず一緒にゴルフしたい。

高橋　じゃあ次、日本戻ってきたときに。

エピローグ

引退をして数カ月。

家族と話す時間が増えたし、野球界以外の人と出会うことも増えた。いろいろな新しい経験をさせてもらっている。

これまでシーズン中にゴルフをすることなんてできなかったから、暖かい陽射しの中でのラウンドがこんなに気持ちの良いものだとは知らなかった。これも新しい経験だ（笑）。

結果が出せなかった。その事実と向き合い、いまの僕がいる。

悔いはあるけど、後悔はない。


この本を出すにあたってお世話になった人たち、これまでの僕をサポートしてくださった方々にこの場を借りて感謝を伝えたいと思います。

そして、ファンのみなさんにも心より御礼を申し上げます。約21年、応援本当にありがとうございました。

上原浩治

KOJI UEHARA

profile

1975年4月3日生まれ。大阪府出身。東海大仰星高校時代は外野手兼控え投手。1年浪人して大阪体育大学に入学し頭角を現す。大学3年時に日本代表に選ばれ、97年のインターコンチネンタルカップ決勝では、当時国際大会151連勝中だったキューバ相手に先発し、勝利投手となる。98年、ドラフト1位で読売ジャイアンツに入団。1年目に20勝4敗で最多勝、最優秀防御率、最多奪三振、最高勝率の投手4冠を達成。新人王と沢村賞も受賞する。2004年にアテネオリンピック日本代表に選ばれ銅メダル。06年にはWBC日本代表に選ばれ初代王者に貢献。07年にはジャイアンツの球団新記録となる32セーブをあげた。08年にFA宣言でメジャー挑戦を表明し、1月14日ボルチモア・オリオールズと契約。11年シーズン中にテキサス・レンジャーズへ移籍し、アメリカン・リーグ優勝に貢献。FAとなった2012年オフに、ボストン・レッドソックスと契約し、13年にはクローザーとしてワールドシリーズ制覇に貢献。リーグチャンピオンシップMVPにも輝く。16年12月14日、シカゴ・カブスに入団。18年3月9日、10年ぶりに日本球界に復帰。読売ジャイアンツでプレーするも翌19年5月20日、現役引退。

日米通算134勝93敗128セーブ104ホールド

OVER

結果《けっか》と向《む》き合《あ》う勇気《ゆうき》

著者　上原浩治《うえはらこうじ》

2019年10月25日　初版発行
2019年12月10日　二版発行

構成　黒田俊/岡田真理（高橋由伸対談）
写真　杉田裕一
装丁・本文デザイン　mashroom design
協力　株式会社sports backs
校正　小川誠志

発行人　菅原聡
発行　〒105-0021
東京都港区東新橋2丁目4-1
サンマリーノ汐留6F
株式会社JBpress
電話　03-5577-4364

発売　株式会社ワニブックス
〒150-8482
東京都渋谷区恵比寿4-4-9
えびす大黒ビル
電話　03-5449-2711

印刷・製本所　近代美術株式会社
DTP　株式会社三協美術

 ISBN 978-4-8470-9850-5　C0095